화 안 내는 엄마 말 잘 듣는 아이

혜지원

프롤로그

자신의 감정을 조절할 줄 알아야 아이를 편하게 키울 수 있다

'우리 애는 이토록 사랑스러운데 나는 왜 이렇게 짜증이 날까?'라고 생각한 적이 있지 않나요? 지금까지 살면서 아이와 함께하는 생활만큼 내 생각대로 되지 않는 일은 없었을지도 모릅니다. 그렇기에 육아를 하며 짜증이 나고, 내 감정을 마구 쏟아내고, 또 그것을 후회하며 자신감을 잃는 분들이 많습니다.

육아에 관한 상담을 진행할 때면 항상 부모님들이 '열심이기에' 화가 나기도 하고 신경질이 나기도 한다는 사실을 온몸으로 느낍니다.

저는 육아의 '정답'은 이 세상에 존재하는 아빠, 엄마의 수만큼 있다고 생각합니다. 애정을 가지고 아이를 대하고 있다면 대부분은 정답입니다. 화내는 것은 나쁜 일이 전혀 아닙니다. 화를 냄으로써 아이를 가르칠 수 있었다면 그것 역시 효과가 있었다는 셈이지요.

그러나 한편으로는 화를 내면 역효과가 나는 경우도 많이 있습니다. 대다수의 사람은 이제까지 '화'를 다루는 방법을 배우지 않은 상태에서 아이를 가지게 되고, 막연하게 육아를 하기 때문에 할 수 없는 일, 잘 안되는 일, 어떻게 하면 좋을지 모르는 일이 있는 게 당연합니다.

　다만 긴 안목으로 봤을 때, 화를 내기만 하는 것보다 압도적으로 효과적인 방법이 있다는 것 하나만은 확실합니다. 눈앞의 사건에만 사로잡히지 않고, 화를 내서 아이의 행동을 멈추게(하게) 하는 것이 아니라 아이 스스로 행동을 그만두게(시작하게)끔 하는 접근법입니다. 이 방법을 꼭 아셨으면 합니다.

　책에서는 독자 여러분께 2가지 제안을 합니다. 하나는 자신의 짜증에 휘말리지 않을 것. 즉 자신의 감정을 조절하는 방법을 익혔으면 합니다. 그리고 또 하나는, 아이의 성장을 고려했을 때 어떤 말이 효과적일지에 대해 깨닫는 것입니다. '말의 힘'은 매우 큽니다.

　인간은 감정이 있는 생물입니다. 이는 부모뿐만 아니라 아이도 마찬가지입니다. 알맞게 칭찬해 주고, 의욕을 북돋아 주고, 반대로 의욕을 감퇴시키지 않도록 아이의 마음을 직접 움직이는 훈계와 언어를 사용하면 '화내기보다 효과적인' 육아를 할 수 있을 것입니다.

　더욱 즐겁게, 더욱 편하게 아이를 키울 수 있도록 도움 드릴 수 있기를 바라며 펜을 들었습니다. 도움이 되었으면 좋겠습니다.

시노 마키

목차

프롤로그 • 2

❶ 화와 사귀다

화내는 건 나쁜 걸까?

화는 후회로 이어지고는 한다 • 14 | 화는 누구에게나 있다 • 16

화란 무엇일까?

화는 몸을 지키기 위해 있다 • 18 | 방치하면 스트레스가 된다 • 20
잃는 것이 크다 • 21 | 친한 사람에게 더 강하게 나온다 • 22
약한 쪽으로 향한다 • 23 | 다른 사람에게 전염된다 • 24 | 습관이 된다 • 25

화는 왜 생길까?

화 속에 숨어 있는 마음 • 26 | '핵심 신념(core belief)'에 사로잡히다 • 30
화의 발생 여부는 '의미 부여'에 달렸다 • 33

화와 사귀기 위한 4단계

STEP 1 우선 화를 흘려보내자 • 36 | STEP 2 '핵심 신념'을 찾아내자 • 37
STEP 3 허용 범위를 넓히자 • 38 | STEP 4 어떻게 행동할지 생각하자 • 40

❷ 화는 통제할 수 있다

화를 통제하는 방법

심호흡을 한다 • 48 | 진정할 수 있는 구절을 왼다 • 49
화에 온도를 매긴다 • 50 | 일단 그 자리를 피한다 • 51
화를 기록한다 • 52 | 몸을 움직인다 • 53 | 긍정적인 감정을 늘린다 • 54
일상의 틀을 살짝 바꾼다 • 55 | 이완 훈련을 한다 • 56
'핵심 신념'을 유연하게 한다 • 57 | 지금 이 순간에 집중한다 • 58
오늘 하루 화내지 않기로 한다 • 60 | 유머를 잊지 않는다 • 61

아이와 함께 하는 분노 조절

아이가 화났을 때 해 보자 • 62

❸ 상황별 화내지 않는 접근법

훈육의 기본 • 66
① 행동만 혼낼 것 • 68 | ② 이야기의 시점을 미래에 둘 것 • 70
③ 단정 짓지 말 것 • 72 | ④ 할 말을 한마디로 정리할 것 • 74
⑤ 진지하고 의연하게 혼낼 것 • 76 | ⑥ 단도직입적으로 말할 것 • 78
⑦ 아이를 잘 관찰할 것 • 80 | 부모가 짜증을 느끼는 순위 TOP 10 • 82

case 01 | 정리하지 않는다(1위) • 84
case 02 | 화나면 남을 때린다 • 86
case 03 | 몇 번을 주의 줘도 그만두지 않는다 • 88
case 04 | 밤에 좀처럼 잠들지 않는다(2위) • 90
case 05 | 사달라고 떼를 쓴다 • 92
case 06 | 매일 아침마다 깨워야 한다 • 94
case 07 | 모처럼 만든 음식을 먹지 않는다(4위) • 96
case 08 | 인사를 안 한다 • 98
case 09 | 행동이 느리다 • 100
case 10 | 기다리지 못하고 참지 않는다 • 102
case 11 | 해야 할 일을 하지 않는다(6위) • 104
case 12 | 약속을 안 지킨다 • 106
case 13 | 위험한 행동을 한다(7위) • 108
case 14 | 형제간에 자주 싸운다 • 110
case 15 | 놀러 나가면 집에 가기 싫어한다(8위) • 112
case 16 | 편식이 심하다 • 114
case 17 | 화장실 가기가 무섭다며 깨운다 • 116
case 18 | 우물쭈물하며 대답하지 않는다 • 118
case 19 | 형제의 물건을 마음대로 쓴다 • 120
case 20 | 목소리가 크다(5위) • 122
case 21 | 변명을 한다 • 124
case 22 | 게임만 한다 • 126
case 23 | 거짓말한다 • 128
case 24 | 사과하지 않는다 • 130
case 25 | 음식을 가지고 논다(9위) • 132
case 26 | 목욕하기 싫어한다 • 134
case 27 | 헤어지면 운다 • 136
case 28 | 학교에서 받은 가정통신문을 안 준다 • 138
case 29 | 집에 있는 물건을 더럽힌다(10위) • 140

case 30 | 준비하는 데 시간이 오래 걸린다(3위) • 142
case 31 | 친구에게 심술을 부린다 • 144
case 32 | 말은 안 하고 떼만 쓴다 • 146
case 33 | 학교·유치원에 안 가고 싶어 한다 • 148
case 34 | 주위를 살피지 않고 뛰쳐나간다 • 150
case 35 | 집단행동을 못한다 • 152
case 36 | 똑같은 옷만 고집한다 • 154
case 37 | 덜렁댄다 • 156
case 38 | 부모의 안색을 살핀다 • 158

❹ 육아를 둘러싼 주위 어른과의 충돌

case 39 | 남편이 아이에게 엄마 흉을 본다 • 166
case 40 | 같은 반 학부모가 아이 앞에서 선생님을 비판한다 • 168
case 41 | 남편이 육아에 비협조적이다 • 170
case 42 | 시어머니가 맞벌이하는 집 아이는 불쌍하다고 말한다 • 172
case 43 | 다른 아기 엄마가 우리 아기의 성장이 늦다고 지적한다 • 174
case 44 | 남편이 TV를 켜 놓은 채로 소파에서 잔다 • 176
case 45 | 시어머니가 응석을 받아 줘서 아이가 말을 안 듣는다 • 178
case 46 | 이웃 엄마들이 아이에게 이것저것 물어본다 • 180
case 47 | 배우자와 교육 방침의 차이로 충돌한다 • 182
case 48 | 내가 아이에게 심한 말을 하고 말았다 • 184

부록 • 186

화의 원인과 대상

화내는 방식은 사람마다 다르다

　어떤 상황에서 주로 화내는지, 뭐가 신경 쓰여서 화내는지, 그 요소는 사람마다 전부 다릅니다. 가치관은 자라 오면서 자연스레 생기는 것이므로, 본인을 화나게 하는 '요소'가 남과는 다르다는 사실을 깨닫지 못하는 경우도 있습니다.

　그렇기 때문에 화를 잘 다스리기 위해서는 첫 번째로 자기 자신을 화나게 하는 요소 및 화내는 방식을 객관적으로 알아야 합니다.

　여기에서는 6가지의 분노 유형을 소개합니다. 이 유형들을 보다 보면 화나는 게 당연하다고 생각해 왔던 그 화의 요소에 집착하는 사람은 나밖에 없다는 사실을 알게 될지도 모릅니다.

　당신의 성격과 사고방식부터 살펴봅시다.

도덕심이 높은 사람(공명정대 유형)

- 나쁜 짓을 하면 심판받아야 마땅하다고 생각한다.
- 내가 가르쳐 줘야 한다고 생각한다.
- 매너나 규칙을 안 지키면 특히 더 화내고 만다.

> 올바름에 너무 집착하지 말자!
> 안 봐도 되는 것은 굳이 보지 말자!

완벽주의자(박학다재 유형)

- 자신의 역할은 완벽하게 해내야 한다.
- 답장과 행동은 빠르고 정확하게! 우유부단한 것을 보면 짜증이 난다.
- 나 자신에게도 타인에게도 엄격해지고 만다.

> 완벽하지 않아도, 성장 중이라고 여기며 너그럽게 받아들이자!

리더 기질을 가진 사람(위풍당당 유형)

- 나는 존중받아야 하고, 모두 나를 따라야 한다고 생각한다.
- 목표를 달성하고자 하는 생각이 강하다.
- 타인의 평가를 지나치게 신경 쓴다.

> 겸허함을 소중하게 여길 것. 지적을 받았을 때는 의견과 비판을 구별하자!

완고한 사람(외유내강 유형)

- 한 번 결정한 일은 끝까지 해내야 한다.
- 내 생각은 옳다고 주장한다.
- 자신의 방식을 고집하고 본인의 스타일대로 일을 진행하고 싶어 한다.

> 자신이 세운 규칙에 너무 집착하지 말고 스트레스를 쌓아 두지 말자!

잔걱정이 많은 사람(철두철미 유형)

- 사전 준비는 철저하게 해야 한다.
- 남에게 마음을 열기 힘들다. 교제는 내게 스트레스만 준다.
- 남을 일방적으로 평가하기 일쑤이다.

> 남을 호의적으로 보고, 혼자 단정 짓거나 남과 비교하지 말자!

자유분방한 사람(천진난만 유형)

- 생각은 무조건 말로 표현해야 하고, 일단 행동으로 옮겨야 한다.
- 자신의 주장을 내세우고자 하는 마음이 강하다.
- 악의 없이 한 말로 충돌이 생기고 만다.

> 때로는 말을 하지 않는 것도 중요하다. 행동하기 전에는 주변을 살펴보자!

안도 슌스케(安藤俊介)가 집필한 『처음 하는 화 다스리기 실전북』(디스커버 투앤티원)을 참고하여 작성했습니다.

어떻게 화를 내시나요?

화내는 방식도 사람마다 다릅니다. 강도, 빈도, 지속성을 상기하여 각각 10점 만점을 기준으로 점수를 매김으로써 나만의 삼각형을 그려 봅시다. 당신의 삼각형은 어떤 모양이 되나요?

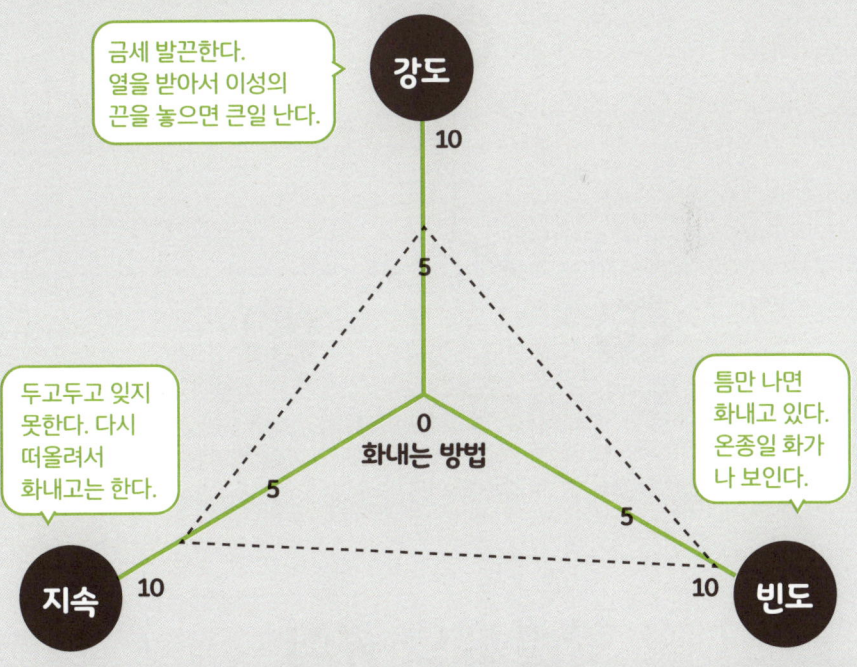

출처: 일반 사단법인 일본 앵거 매니지먼트 협회

아이에게 "엄마의 삼각형을 그려 봐"라고 하면 어떤 모양이 나올까요?

공격성은 어디로 향하나요?

화는 공격성을 동반할 때가 있는데, 그것이 어디로 향하는지도 개인차가 있습니다. 남 탓을 하고 싶어지거나, 자책하거나, 물건에 화풀이를 하는 등 말입니다. 당신의 화는 어디로 향하기 쉽나요?

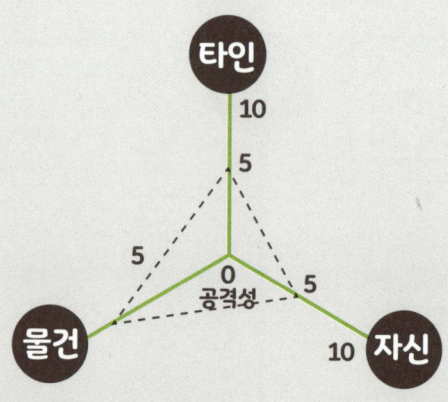

출처: 일반 사단법인 일본 앵거 매니지먼트 협회

화낼 때도 규칙이 있습니다. 어른이든 아이든 화낼 때는 규칙을 지켜 가며 화를 냅시다.

화낼 때의 규칙

- 남에게 상처 주지 않는다.
- 자신에게 상처 주지 않는다.
- 물건을 부수지 않는다.

1 화와 사귀다

화는 사람이 가진 감정의 하나로 결코 없앨 수 없습니다. 그러므로 우리는 화와 잘 사귈 필요가 있습니다. 우선은 화가 무엇인지, 발생 구조를 알고 화와 잘 사귀기 위한 단계를 배워 갑시다.

화는 후회로 이어지고는 한다

짜증이 나서 아이에게 심하게 화를 낸 후 뒤늦게 후회한 경험이 있지 않나요? 설문조사 중에 이런 데이터가 있습니다.

출처: 「산케이 리빙 신문사」 원아 부문과 엄마의 정보지 「앙팡」에서 발췌(기간 = 2014년 5월 4일~6월 3일. 유효 응답 수 = 1054명)

큰소리로 악을 쓰며 아이를 혼내는 사람은 80% 이상!
화를 내고 후회하는 사람은 84% 이상이나 됩니다. 왜 이렇게 되는 것일까요? 왜 우리는 화낸 후에 후회하는 경우가 많을까요? 화내는 것은 나쁜 것일까요?

화내는 것은 나쁜 게 아니다

사실, 화 자체는 문제가 아닙니다. 화 자체는 좋은 것도 나쁜 것도 아니고 지극히 자연스럽게 일어나는 감정입니다.

화내는 것은 나쁜 게 아닙니다. 화를 부정할 필요도, 화내고 마는 나 자신을 비난할 필요도 없습니다. 단지 화와 관련해서 좋고 나쁜 것이 있다면, 그것은 화를 어떻게 표현했느냐에 달려 있을 것입니다.

화를 '나쁜 감정'이라고 여기고 있다면 능숙하게 다룰 수 없습니다. 화를 느꼈을 때 '가지면 안 될 감정을 갖고 말았다'라고 생각해서 당황하게 되기 때문입니다. 사람은 당황하면 실수를 하고 맙니다. 실수로 불필요한 말을 하기도 하고, 하지 않아도 될 일을 하며 이는 결국 후회로 이어집니다.

 화내는 것 자체가 나쁜 게 아니구나.

화내는 건 나쁜 걸까?

화는 누구에게나 있다

　화라는 감정은 누구에게나 있습니다. 누구에게나 있는 감정이므로 여태껏 화를 내서 후회해 온 사람은 사람으로서 미숙한 것이 아니며 부모로서 부족한 것도 아닙니다. 단지 **화를 어떻게 다루는지 이제껏 배우지 않았을 뿐입니다.**

　화를 다루는 방법을 알고 감정에 지배당하는 일 없이, 감정의 운전대를 스스로 꽉 잡을 수 있도록 노력합시다.

화와 잘 사귀다

화를 쏟아 내거나, 거꾸로 억누르거나 모른 체하지 마세요. 대신 적절히 능숙하게 효과적으로 밖으로 꺼내고, 내 안에 너무 쌓아 두지 말고, 그렇다고 해서 소중한 누군가에게 상처 주는 일이 없도록 다뤄 갑시다.

'화내면 안 돼'라고 여기면 좀처럼 숙달되지 않으므로 규칙 안에서 마음껏 표현해 주세요. 우선 화를 느꼈을 때는 당황하지 말고 그저 화가 올라오는 것을 받아들인 후, '그럼 이제 어떻게 할까?'라고 생각하며 마음을 가라앉히세요.

 화란 무엇일까?

화는 몸을 지키기 위해 있다

  동물은 적이나 위험을 마주쳤을 때 '투쟁·도주 반응'이라는 방어 반응을 일으킵니다. 이때 동물은 적과 싸울지 도망갈지를 순식간에 판단하여 자신의 목숨을 지키려 합니다.

같은 반응이 우리 인간에게도 일어난다

  우리 역시 격한 분노를 느끼면 상대방을 노려보고 숨이 가빠지며 몸에 힘이 들어가는데, 이는 소중한 것을 지키기 위해서 일어나는 것입니다.

 화는 소중한 것을 지키기 위한 감정이구나!

내가 지키고 싶은 소중한 것이란?

내게 소중한 것은 내 입장, 주장, 부모로서의 위엄, 내가 세운 계획, 또는 아늑한 공간이나 휴식 시간일지도 모릅니다. 우리는 '지키고 싶은 것을 못 지킬 수도 있다'라는 위기에 맞닥뜨렸을 때 화를 느낍니다.

화는 사람에게 상처를 주는 감정으로 여겨지고는 하지만, 사실은 나 자신을 지키기 위해 있는 감정입니다. 만일 화라는 감정이 없다면 우리는 마음을 강하게 먹으며 몸과 마음의 안전을 지켜 내지 못할 것입니다.

정리

위험을 알리는 신호로써 화를 느끼는 것은 아주 건전하고 중요한 일입니다.

화란 무엇일까?

방치하면 스트레스가 된다

    화는 자연계에서는 유효한 반응이라고 해도 인간 사회에서는 여러 가지 정신적·신체적 문제를 일으킵니다. 왜냐하면, 인간 사회에서의 위기는 싸울 수도 도망칠 수도 없는 경우가 많기 때문입니다.

화로 문제는 해결되지 않는다

    화가 방치되어 만성 스트레스가 되지 않게 하기 위해서는 신호 하나하나를 받아들이고 문제를 대처해 나갈 필요가 있습니다.
    화를 느끼는 것은 건전한 일이지만 **화를 통해 문제는 해결할 수 없습니다**. 문제를 화로 풀려고 하면, 대부분의 경우에는 새로운 문제가 또 생기고 맙니다.

잃는 것이 크다

노상 화를 쏟아 내기만 한다면 우리는 많은 것을 잃게 됩니다.

☐ **인간관계**
> 주위 사람들이 나를 피하거나 싫어하고 서로 상처 주는 등, 관계가 망가지는 경우가 있습니다. 화내는 방식에 따라서는 사회적 신용마저 잃을 수도 있습니다.

☐ **건강**
> 동맥경화 발생률이 높아지며 면역 기능이 저하됩니다. 정신적 건강도 나빠집니다. 화를 잘 내는 사람은 쉽게 우울해진다는 연구도 있습니다.

☐ **돈**
> 현실을 받아들일 수 없게 되며 나중 생각을 안 하고 충동적으로 행동하는 경향이 돈 씀씀이에도 나타납니다. 충동구매, 술값 증가, 물건을 부수고 다시 사는 행동 등이 대표적입니다.

☐ **용모**
> 감정을 다스리는 힘은 자제력, 자기 관리 능력과도 관계가 있으므로 체중이나 표정, 생김새 등의 외관에도 영향을 미칩니다.

화란 무엇일까?

친한 사람에게 더 강하게 나온다

화는 가까운 사람일수록 더 강하게 나오는 경향이 있습니다. 남에게는 양보하기도 하고 맞춰 줄 수도 있는데, 가족이나 친한 사람에게는 도무지 참을 수 없다는 사람이 많은 이유가 이 때문입니다.

이런 적은 없나요?
- ☐ 남편에게는 요구 사항이 많아진다.
- ☐ 아이가 말을 안 들으면 신경질이 난다.
- ☐ 아이가 기대에 부응하지 못하면 매섭게 대하고 만다.
- ☐ 남의 집 아이가 하면 화가 안 날 일이라도, 우리 아이가 하면 반사적으로 화를 내고 만다.

약한 쪽으로 향한다

한 번 생겨 버린 화는 내 안에 담아 두기가 힘들고 어딘가에 쏟아 내고 싶어집니다. 때문에 설령 내가 잘못했어도 누군가를 탓하게 될 때도 있습니다. 이때 화의 배출구가 되기 가장 쉬운 것이 아이입니다. 하지만 아이에게 쏘아 붙인 화 역시 다시 갈 곳을 찾게 된다는 것을 잊지 마세요.

이런 적은 없나요?
- ☐ 나보다 약한 사람, 내가 이길 수 있는 상대를 찾아서 쏟아 내기 일쑤이다.
- ☐ 응석을 받아 줄 것 같은 상대방에게 화를 쏟아 내고는 한다.
- ☐ 부모의 역할을 완벽하게 해내고 싶은데 못해서 죄책감을 끌어안고 있을 때, 아이를 탓하고 싶어진다.

화란 무엇일까?

다른 사람에게 전염된다

    짜증·화는 전염됩니다. 짜증을 내는 아이나 반항기 아이에게 영향을 받아서 감정적으로 변하는 경우가 종종 있습니다. '반항기'는 성장 과정에서 찾아오는 것입니다. 짜증도 그 아이의 기질일 뿐, 부모를 골탕 먹이거나 공격하려는 것이 결코 아닙니다.

    아이의 감정에 민감해지는 것은 좋지만 아이의 감정과 자신의 감정을 뒤섞지 않도록 합시다. 아이의 짜증에 휘말리지 않는 것이 중요합니다.

이런 적은 없나요?
- ☐ 아이의 심기가 불편해 보이면 나도 덩달아 화를 내고 만다.
- ☐ 부모의 심기가 불편해 보이면 아이도 부정적인 감정을 쉽게 가진다(불안해한다).
- ☐ 같은 공간에 짜증이 난 사람이 있으면 짜증이 나에게 전파된다.
- ☐ 상대방이 언짢은 대응을 하면 불쾌해진다.

습관이 된다

심하게 화낼 때 나 자신이 강해진 것 같고, 상대방을 지배할 수 있을 듯한 기분이 들 때가 있습니다.

화를 터뜨림으로써 자신의 요구가 받아들여진 경험이 있으면 **화로 사람을 지배할 수 있을 것만 같은 착각을 하고 맙니다.** 화는 우리에게 '**만능이 된 느낌**'마저 줄 수 있으며, 이것이 바로 화내는 행동이 습관이 되는 이유입니다.

이런 적은 없나요?
- ☐ 심하게 화를 내면 아이도 배우자도 말을 듣는다.
- ☐ 화를 내고 있을 때 스스로 강해진 듯한 느낌을 받는다.
- ☐ 화로 인한 고양감이 지배욕을 부추긴다.

 화는 왜 생길까?

화 속에 숨어 있는 마음

화는 빙산의 일각과도 같습니다. 수면에 드러난 화는 '2차 감정'이라고 불리며, 그 수면 밑에는 '1차 감정'이라고 불리는 부정적인 감정이 숨어 있습니다.

출처: 일반 사단법인 일본 앵거 매니지먼트 협회(27, 29p 동일)

 1차 감정이 '화'로 나타나고 있구나!

예를 들면 이럴 때 화내지 않나요?

화를 느꼈을 때 나의 마음 깊은 곳에 어떤 1차 감정이 있는지 살펴봅시다.

뭐 하는 거야!
(화)

아픔
머리 아파…, 시끄러워…, 조용히 좀 해 줄래?

슬픔
여러 번 말했는데. 내가 헛수고하는 걸까?

허무함
도시락 싸기, 학원 등·하원 지도, 난 이렇게 열심인데 버릇없이 굴다니….

괴로움
밤중 수유 때문에 나날이 1시간마다 깨는데 남편은 집안일에 무관심하고, 좌절할 것 같아.

불안
말을 안 하면 아무것도 하지 않네. 이렇게 아무지지 못해서야, 앞으로 괜찮을까?

초조함
시간이 부족해! 지각하겠어! 그런데 아이는 뭉그적대고, 어휴!

'나 전달법(I-Message)'으로 전달한다

자신의 1차 감정을 알아챘다면 그것을 말로 함으로써 화내는 것을 통해서보다도 자신의 감정을 상대방에게 잘 전달할 수 있습니다.

1차 감정을 표현할 때는 '나 전달법(I-Message)'을 사용합시다. '나(I)'를 주어로 놓고 말하면 효과적입니다.

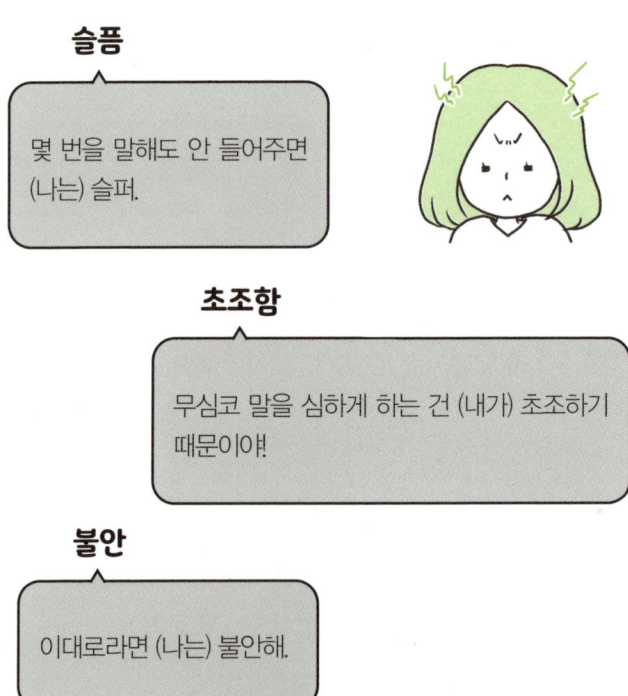

슬픔
몇 번을 말해도 안 들어주면 (나는) 슬퍼.

초조함
무심코 말을 심하게 하는 건 (내가) 초조하기 때문이야!

불안
이대로라면 (나는) 불안해.

반대로 '너'를 주어로 놓고 말하면 따지는 듯한 인상을 주게 돼요.

화의 이면에 1차 감정을 안고 있는 것은 아이도 마찬가지이다

 아이가 화나서 난리를 칠 때나 기분이 안 좋을 때는, 표면적인 화를 어떻게든 줄여 보려고 달래는 것보다 화 속에 어떤 마음이 있는지를 생각해 봅시다.

 그 마음에 대처하려고 하면, 단순히 화를 참게 하는 것과는 다른 해결 방법을 찾게 될 때가 있습니다.

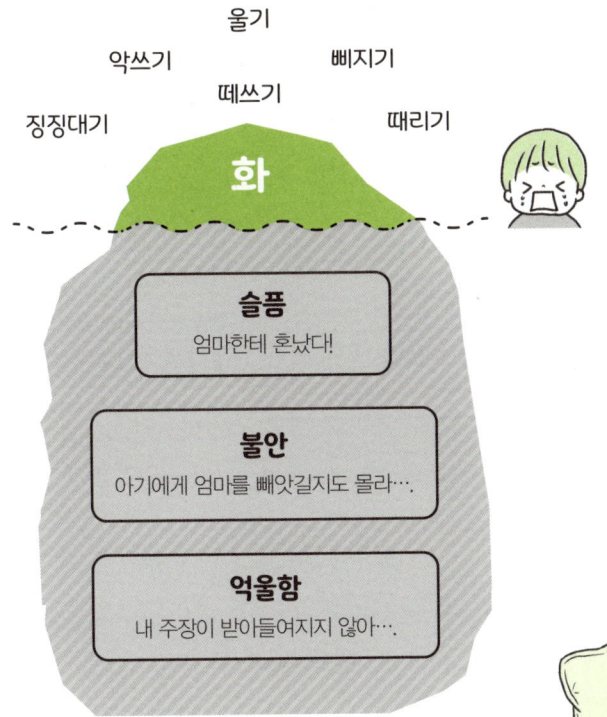

 화는 왜 생길까?

'핵심 신념(core belief)'에 사로잡히다

화는 '~해야 마땅하다'라고 여기는 일이 내 뜻대로 안 될 때 솟아오릅니다. 그 '핵심 신념'은 나 자신의 이상·소원인 경우도 있고, 상식이나 가치관에 관한 경우도 있습니다. 그 생각에는 정답도 오답도 없습니다.

- 아이는 부모의 말을 들어야 한다.
- 시킨 일은 해야 한다.
- 정리는 해야 한다.
- 인사해야 한다.
- 물건은 소중히 다뤄야 한다.
- 남편은 가사·육아에 더 참여해야 한다.
- 배운 대로 해야 한다. 최소한 하려는 의지라도 가져야 한다.
- 친구한테 잘해 줘야 한다.
- 시간은 지켜야 한다.
- 집에 오면 손을 씻어야 한다.
- 편식은 안 해야 한다.

자신의 핵심 신념과
현실과의 차이로 인해 화가 생긴다

'핵심 신념'이란 나의 이상, 소원, 상식, 가치관을 상징하는 말입니다. 그리고 그것과 현실 사이에 격차가 있을 때 화가 납니다.

'핵심 신념'은 나 자신에게 있어서는 지극히 당연하고 옳다고 믿고 있는 것입니다. 하지만 모든 사람이 같은 '핵심 신념'을 가지고 있다고 할 수는 없습니다. 나 자신이 '절대적으로 옳다'라고 여기면 여길수록 나와 다른 상대방은 '틀렸다', '나쁘다'라고 받아들이게 되며 이때 화는 강해지고 커집니다.

- 자신의 '핵심 신념'이 많으면 그만큼 화내는 빈도가 높아진다.
- 자신의 '핵심 신념'에 대한 믿음이 강하면 그만큼 화가 커진다.

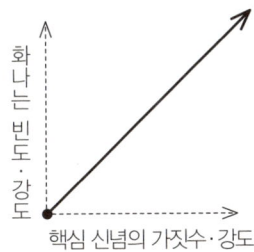

이상인 '핵심 신념'을 많이 끌어안고, 그것에 사로잡히면 쓸데없는 짜증이 많아져요.

많은 '핵심 신념'에 얽매여서 하는 육아는 힘들다!

이상은 말 그대로 자신이 생각하는 완벽한 상태이고, 목표로서 가지고 있는 것은 훌륭한 일입니다. 하지만 자신의 '핵심 신념'에 얽매이면 그만큼 화낼 경우가 많아집니다.

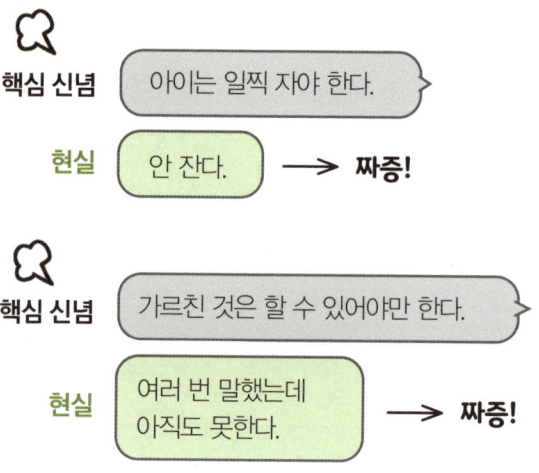

이상을 항상 머릿속에 둔 채 현실을 보면 격차가 있을 때마다 짜증이 멈추지 않게 됩니다. 짜증으로부터 해방되려면 나의 '핵심 신념'을 조금만 내려놓고, 눈앞의 현실에 너그러워지는 것도 필요합니다.

사건이나 상대방 때문이 아니라 나의 '핵심 신념'으로 인해 화가 났던 것이구나.

 화는 왜 생길까?

화의 발생 여부는 '의미 부여'에 달렸다

화는 사건에 의해 직접적으로 야기되는 것이 아닙니다. 이 말은 즉, 같은 사건을 두고도 누구나 다 똑같이 화내지는 않는다는 뜻입니다.

같은 사건이라도 의미를 다르게 부여하면 화가 발생하지 않고 커지거나 작아지기도 합니다.

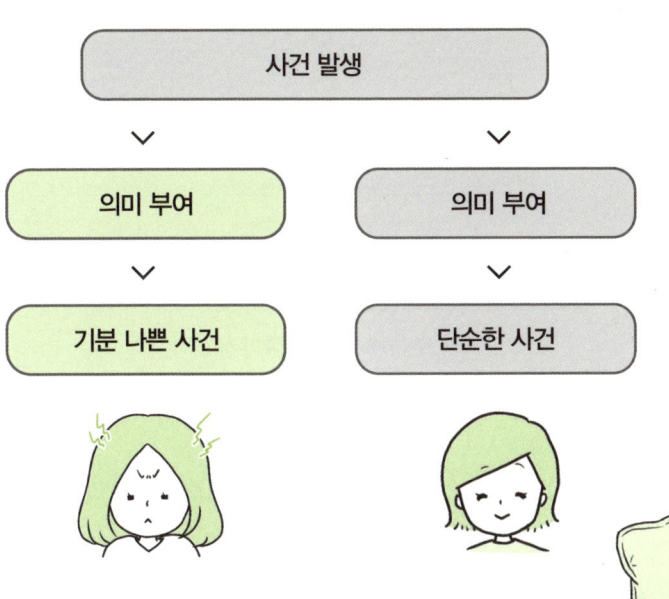

'의미 부여'란 무엇인가

 '의미 부여'란 어떤 사건에 어떤 식으로든 가치·평가를 부여하는 것입니다. 사건 자체에는 아무 의미도 없는데, 우리는 그 사건을 자신의 가치관에 따라 비추어 보고 해석하려고 합니다. 그리고 그 의미 부여에 따라 감정이 생깁니다. 즉, 화가 나는 원인은 밖에 있는 것이 아니라 내 안에 있는 것입니다. 의미 부여는 가치관뿐만 아니라 평소의 사고방식 습관이나 경험에 의해서도 결정됩니다.

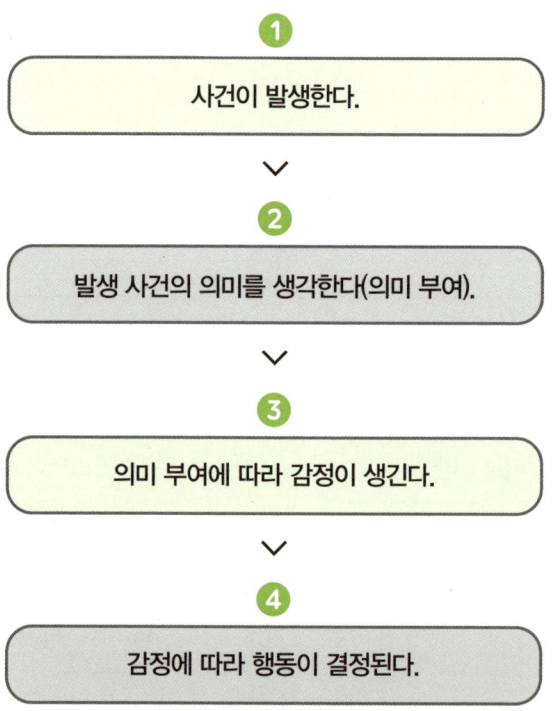

1 사건이 일어난다.

> 밤에 방이 어질러져 있는 것을 발견한다.
> 사건

⬇ ⬇

2 의미를 부여한다.　　　　　**2** 의미를 부여한다.

> 게으르다. 일을 안 하려고　　> 오늘은 피곤했나 보다.
> 꾀를 부리는 것이다.

⬇ ⬇

3 감정이 생긴다.　　　　　**3** 감정이 생긴다.

> 몇 번을 말해야　　　　　　> 내일 아침에 시켜야겠다
> 알아듣는 거야(화).　　　　　 (화는 없음).

⬇ ⬇

4 행동이 결정된다.　　　　**4** 행동이 결정된다.

> 화를 내거나 윽박지른다.　　> 이튿날 아침에 전한다.

의미 부여를 다르게 하면 화가 안 생길 뿐 아니라 행동도 달라집니다. 나만의 억측으로 인한 의미 부여를 의식적으로 바꿈으로써 불필요한 화에 얽매이지 않게 됩니다.

화와 사귀기 위한 4단계

STEP 1 우선 화를 흘려보내자

'화'라는 감정의 정점은 6초라고 합니다. 화가 났을 때 일단 해서는 안 되는 것이 '반사적으로 무엇인가를 말하거나' '반사적으로 무엇인가를 하거나'입니다. 그렇게 함으로써 돌이킬 수 없는 일이 생길 수도 있습니다. 그만큼 후회로 이어지기가 쉬워집니다.

6초를 잘 넘기면 꽤 이성적으로 돌아옵니다. 그러니 화를 느꼈을 때는 반사적인 언행은 하지 말고 우선은 화의 정점을 흘려보냅시다.

반사적인 언행을 하지 않기 위한 구체적인 방법에 대해서는 '② 화는 통제할 수 있다(45p~)'를 참고해 주세요.

STEP 2 '핵심 신념'을 찾아내자

자신이 화가 나는 포인트를 압시다. 언제 화가 나는지, 어떤 일로 화가 나는지, 무엇을 허용할 수 없는지를 압시다.

그날그날 화가 난 사건을 정리하여 내가 폭발하는 지점을 알아내고, 거기에서 스스로가 중요시하는 '핵심 신념'을 찾아냅시다.

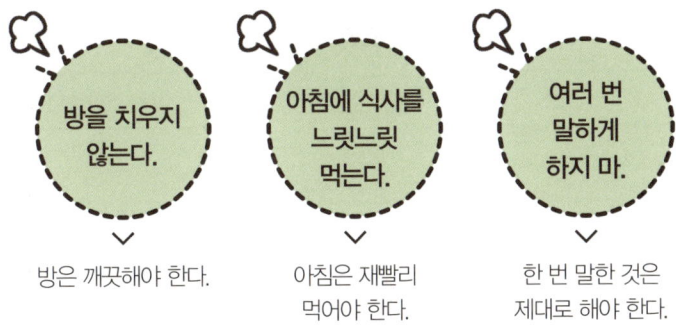

화를 내는 경우가 적은 편이 사귀기 쉬운 사람이라고 할 수 있습니다. '핵심 신념'에는 도덕적·상식적인 것부터 개인적·생리적인 것까지 있겠지요. 그 중에는 집착해 봤자 피곤하기만 한 것이 있을지도 모릅니다. 자신의 '핵심 신념'이 타당하지 않은 것은 아닌지 생각할 수 있으면 좋겠습니다.

화와 사귀기 위한 4단계

STEP 3 허용 범위를 넓히자

화를 내도 상관은 없지만, 지나친 화는 화를 내지 않는 것만큼의 효과가 없습니다. 그러니 양보할 수 있는 것은 '받아들이는 노력'을 합시다. 아무리 화가 날 일이라도 의미 부여를 바꾸거나 '최소한…'의 형태로 생각해서 허용 범위를 넓힙시다.

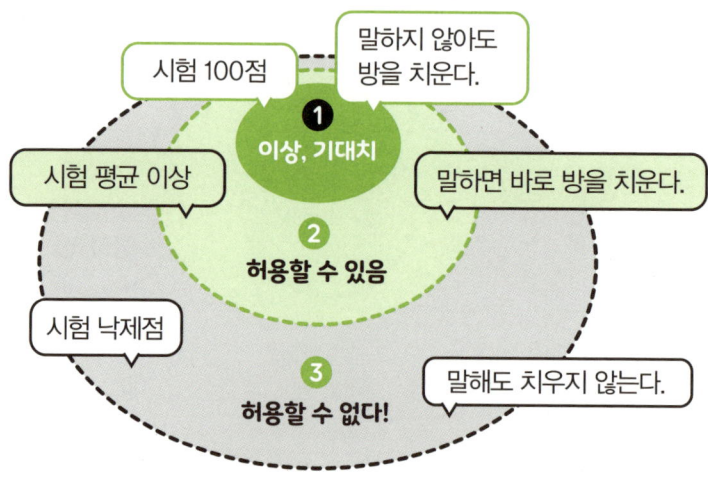

출처: 일반 사단법인 일본 앵거 매니지먼트 협회(44p 동일)

아이의 행동이 '가장 좋았을 때'를 기준으로 삼지 말고, '엉망이었을 때'를 기준으로 삼으면 ②가 커진다.

❶ 내가 기대했던 대로(이상)

> 화낼 필요가 없는 이상적인 상태입니다. 단 ①의 상태라도 특별히 감동하지는 않으며, 의외로 모른 채 지내고 있습니다.

❷ 허용 범위 안

> 이상적이지는 않지만 화낼 정도도 아닙니다. 대부분의 일은 여기에 해당될 것입니다. '그나마…' 혹은 '최소한…'의 형태로 생각해서 ②를 넓혀 가도록 합시다. 사실은 <u>허용 범위 안의 일이라도, 기분에 따라 화내는 일이 있을지도 모릅니다.</u>

❸ 허용할 수 없다(화를 느낀다)

> 부모로서 물러설 수 없는 일이나 무슨 일이 있어도 싫은 것은 여기에 해당됩니다. '화내다 · 화내지 않는다'의 경계선은 ②와 ③ 사이에 있으므로 여기를 넘어가면 화가 납니다. 그러니 화낼 때뿐만이 아니라, <u>평소에도 경계선을 알려 주도록 합시다.</u>

> 중요한 건 허용 범위 및 경계선을 미리 보여 줄 것. 그리고 경계선을 내 기분에 따라 바꾸지 말 것.

화와 사귀기 위한 4단계

STEP 4 어떻게 행동할지 생각하자

화를 느낀 사건과 어떻게 마주할지 생각하는 것이 이 단계입니다. STEP 3에서의 ③에 속한 화를 건설적인 행동으로 바꿔 가기 위한 작업을 합시다. 화는 '어떻게든 상황을 바꾸고 싶어!'라는 바람의 분출입니다. 그러나 화를 낸다고 해서 상황이 변하지 않는 것도 사실입니다. 그렇다면 어떻게 하는 것이 좋을까요?

그 상황, 자신의 힘으로 바꿀 수 있나요? '바꿀 수 있다 / 바꿀 수 없다', '중요하다 / 중요하지 않다'를 기준으로 놓고, 자신이 처한 상황이 아래 상자의 어디에 해당하는지를 생각해 봅시다.

내 힘으로…	내 힘으로…
바꿀 수 있다 중요하다　　**a**	**b**　　바꿀 수 없다 중요하다
중요하지 않다　　**a′**	**c**　　중요하지 않다

출처: 일반 사단법인 일본 앵거 매니지먼트 협회(164p 동일)

할 수 있는 일·할 수 없는 일의 구별이 안 돼서 괜히 더 짜증이 나는구나!

[바꿀 수 있다]
a 바꾸기 위한 일을 하자

 정할 일은 3가지. '어느 정도' '언제까지' 바꾸고 싶은지 목표를 설정하고, 그것을 위해 할 수 있는 일인 '어떻게'를 구체적으로 생각합니다. 화내지 않아도 될 환경을 만드는 것도 그중 하나입니다. 내뱉는 '말'을 바꾸는 것은 지금 당장이라도 할 수 있는 일입니다. a는 지금 당장, a'는 여력이 있을 때 시작합니다.

[바꿀 수 없지만 중요하다]
b 다음 중 한 가지로 대책을 세우자

 ① 바꿀 수 없는 상황을 받아들인 후, 그 안에서 할 수 있는 일을 생각합니다. 할 수 있는 일을 찾아서 행동으로 옮기고 스트레스를 줄입니다.
 ② 대책을 세웁니다. 불만을 해소하기 위한 대책은 무엇인지 생각합니다.

[바꿀 수 없고 중요하지 않다]
c 스트레스로 여기지 않는다

 중요하지 않은 일은 내버려 두고 신경 쓰지 않습니다. 바꿀 수 있을지도 모르지만 중요하지 않기에 힘을 들일 필요가 없는 것인 경우에도 c를 선택합니다.

	내 힘으로… **바꿀 수 있다**	내 힘으로… **바꿀 수 없다**
중요하다	**중요하다** 예) 아이가 친구를 때렸다. → 이야기를 듣는다, 가르친다, 사과하게끔 한다 등 지금 당장 행동할 것. '언제까지', '어느 정도', '어떻게'를 정한다. **a**	**중요하다** 예) 먹는 게 느리다. → 시간적 여유를 갖는다. 사용하기 좋은 숟가락을 찾는다. 먹기 좋은 크기로 준다 등 할 수 있는 일을 찾는다. 대안을 세운다. **b**
중요하지 않다	**a′** **중요하지 않다** 예) 드레스 룸에 물건을 너무 많이 쌓아 두었다. → 주말에 부부가 함께 있을 때(남편이 있을 때) 천천히 치운다 등 시간이 있을 때 작업한다.	**c** **중요하지 않다** 예) 다른 학부모가 험담을 한다. → 흘려듣는다, 상대하지 않는다 등 내버려 둔다. 관여하지 않는다.

화와 사귀기 위한 4단계

STEP 1 일단은 화를 흘려보내자
- 화를 침착하게 받아들이고, 충동을 흘려보낸다.

STEP 2 '핵심 신념'을 찾아내자
- 나의 폭발 지점에서 '핵심 신념'을 찾아낸다.
- 사건에 대한 의미 부여가 편협하지는 않은지, '핵심 신념'이 타당하지 않은 것은 아닌지 생각한다.

STEP 3 허용 범위를 넓히자
- '허용할 수 있다 · 없다'의 경계선을 알아낸다.
- 허용 범위를 넓힌다.
- 경계선을 보여 준다.
- 경계선을 기분에 따라 바꾸지 않는다.

STEP 4 어떻게 행동할지 생각하자
- '바꿀 수 있다 / 바꿀 수 없다', '중요하다 / 중요하지 않다'의 기준을 가지고 분류한다.
- 내가 취할 행동으로 바꾼다.

3가지 영역으로 생각해 보는 말

아이의 행동을 다음 3가지로 나누어 생각하여 말의 지침으로 삼읍시다.

① 이상(理想)은 '강화하고 싶은 행동',
③ 허용할 수 없는 일은 '못하게 하고 싶은 행동',
② 허용 가능한 범위는 받아들이면서도 서서히 이상에 다가가게 하고 싶은 행동, 또는 '줄이고 싶은 행동'이라고 생각합니다.

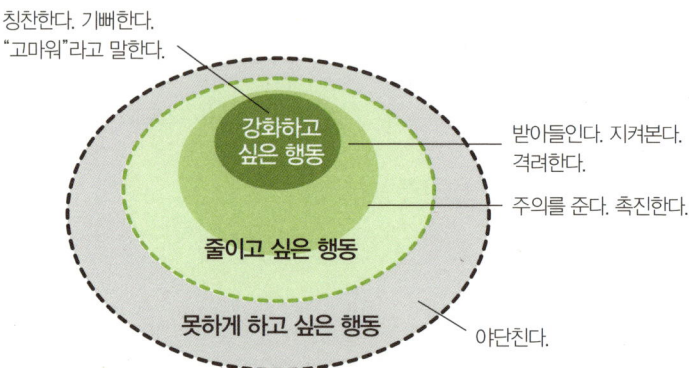

①에는 칭찬인 '기뻐', '고마워' 등의 말을 하고
②에서 ①에 가깝다면 '받아들인다', '지켜본다', '격려한다' 등의 행동을,
②에서 ③에 가깝다면 '주의를 준다', '촉진한다' 등의 행동을,
③에 대해서는 '화낸다', '야단친다' 등의 행동을 선택합니다.

② 화는 통제 할 수 있다

여기에서는 화를 통제하는 구체적인 방법을 알아 갑시다. 나에게 맞는 방법, 그 자리에서 바로 적용할 수 있는 방법을 골라서 해 봅시다. 어릴 때부터 화와 잘 사귀는 방법을 익히는 것은 아주 유익한 일입니다. 아이와 함께 할 수 있는 방법도 있으니 꼭 해 보세요.

화는 통제할 수 있다

화를 느끼는 것은 누구에게나 마찬가지로 자연스러운 일입니다. 그러나 내 안에서 솟아오르는 화의 불씨를 줄이는 일과 화났을 때 어떻게 반응할지 및 어떻게 행동할지는 스스로 결정할 수 있습니다.

화의 건설적인 사용 방법은 화를 계기로 상황을 좋은 방향으로 바꿔 가는 것!

화는 현재의 상태를 바꾸고 싶어 하는 마음의 표현입니다. 그 감정을 받아들이고 화를 동기로 바꾸어 건설적으로 표현하는 방법을 익힙시다.

여기에서는 화에 지배받지 않기 위한 '방법'을 하나씩 소개할 것입니다. 이거라면 할 수 있다고 생각하는 것부터 해 보길 바라며, 무엇보다도 자연스럽게 할 수 있게 될 때까지 꼭 꾸준히 해 보시기 바랍니다.

- 홧김에 하지 않아도 될 말까지 하고 만다.
- 예기치 못했던 대담한 행동을 하게 된다.
- 감정이 복받쳐서 아무 생각도 못 하게 된다.

- 화를 다른 감정과 똑같이 인식하고 화가 나도 당황하지 않는다.
- 화를 문제와 마주하는 신호로 받아들인다.
- 목표로 삼을 것은 문제를 개선하는 것이며, 내 감정을 쏟아 내는 게 아니라는 것을 인식한다.
- 문제가 해결된 후에는 그 화에 매달리지 않고 화를 가라앉힐 수 있다.

화를 통제하는 방법

심호흡을 한다
(호흡 이완법)

마음을 진정시키기 위한 가장 단순하면서도 도입하기 쉬운 방법입니다. 화가 나서 흥분 상태가 되면 호흡이 가빠지고 자율 신경도 흐트러지기 마련입니다. 이때는 심호흡으로 기분을 정리합니다.

코를 통해 공기를 들이마시고 그 두 배 정도의 시간에 걸쳐 입부터 천천히, 배가 납작해질 때까지 정성스레 숨을 내뱉읍시다. 호흡에 집중하면 화를 한결 가라앉히기가 쉬워집니다.

복식 호흡에는 자율 신경의 균형을 잡는 효과가 있으므로, 평소에도 복식 호흡을 하도록 의식하면 스트레스가 완화됩니다.

Point 잘 안될 때는 마스크를 하는 것도 도움이 됩니다. 호흡에 부하가 걸리면서 많은 산소를 들이마시기 위해 호흡이 깊어지므로, 자연스레 복식 호흡이 됩니다.

화를 통제하는 방법

진정할 수 있는 구절을 왼다
(코핑 만트라)

짜증이 났을 때, 나 자신에게 마음이 진정되는 말을 하는 방법입니다. 혹시 누군가가 괜찮다고 말해 줘서 안심한 경험은 없습니까? 그것을 스스로 하는 셈입니다.

구절은 아무거나 상관없습니다. '맘 편히 먹자', '진정해', '쉬엄쉬엄하자', '어쩔 수 없어' 등의 말이라도 좋고, 아무 뜻은 없어도 편안한 어조이거나 기분을 풀어 주는 구절을 바로 읊을 수 있도록 준비해 둬도 됩니다.

'비비디바비디부'처럼 주문 같은 구절이라면 아이와 함께 연습을 할 수도 있겠지요.

Point 구절을 외는 동안에는 아무것도 하지 않을 것. 읊는 것을 습관화합시다.

 화를 통제하는 방법

화에 온도를 매긴다
(스케일 테크닉)

    화를 통제하기 어려운 이유 중 하나는 화가 눈에 보이지 않는 막연한 것이기 때문입니다. 스케일 테크닉은 눈에 보이지 않는 화를 수치화함으로써 객관적으로 파악하고자 하는 방법입니다.

    인생 최대의 화를 10도로 정해 놓고 지금 눈앞의 화는 대체 몇 도인지, 화의 척도를 온도계로 진단해 보며 냉정하게 파악합시다.

    온도를 의식하게 되면 온도, 즉 화의 정도에 따른 대응도 생각할 수 있게 됩니다.

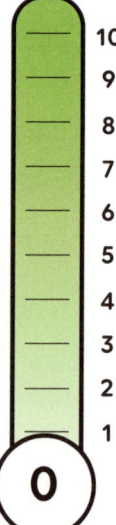

 Point 기온이나 성적을 "꽤 덥다", "그저 그렇다"라고 말하는 것보다 몇 도인지 몇 점인지 알려 주면 단번에 이해되는 것과 마찬가지!

화를 통제하는 방법

일단 그 자리를 피한다
(타임 아웃)

언쟁 상황이 됐을 때나 화의 온도(50p)가 높아서, '이대로 여기에 있으면 심한 말을 퍼붓거나 매를 들 것 같다!' 할 때는 일단 그 자리를 피해 보세요. 꾸역꾸역 그곳에 머물러 있다가 후회하지 않도록 한 번 자리를 피합시다.

단, 어린아이와 떨어질 때는 아이의 안전이 전제되어야 합니다. 그리고 말없이 자리를 뜨려고 하면 아이가 겁에 질릴 수도 있으므로, 반드시 '화장실에 갔다 오겠다', '잠시 얼굴 좀 씻고 오겠다' 등 다시 돌아올 것이라는 말을 한 후에 갑시다.

Point 떨어져 있는 동안에는 심호흡이나 스트레칭을 하거나 생각을 정리하는 등 진정을 되찾기 위한 행동을 합시다.

화를 통제하는 방법

화를 기록한다
(분노 일기)

화가 났던 사건을 기록합니다. 기록함으로써 내가 끌어안고 있는 화를 냉정하게 마주볼 수 있습니다. 언제, 어디에서, 어떤 일이 있었는지를 씁니다.

이외에도 그때 생각한 것, 내가 어떤 태도를 취했는지, 그 결과, 화의 온도 등을 기록해 두면 객관적으로 분석할 수 있어서 향후 대응 시에 참고할 수 있습니다.

언제	월 일
어디에서	
무슨 일이 있었는지	
생각한 것, 느낀 것	
어떤 반응을 했는지	
반응의 결과	
화의 온도	

Point 가능한 한 그 자리에서 바로 씁니다.

화를 통제하는 방법

몸을 움직인다
(신체 이완)

화는 정신적 스트레스뿐만 아니라 신체적 스트레스 반응도 불러일으킵니다. 화난 시간이 길어지면, 그만큼 몸이 손상되고 면역 기능도 저하됩니다. 이때 몸을 움직이는 것은 기분을 개선할 뿐 아니라 몸의 스트레스도 완화시켜 줍니다.

스트레스가 많아지기 시작하면 걷기나 달리기 등 유산소 운동을 합시다. 유산소 운동을 하면 뇌의 혈류가 좋아지고, 정신을 안정시키는 작용을 하는 세로토닌의 분비가 증가합니다. 스트레칭을 하는 것만으로도 근육이 이완되고 효과가 있습니다. 단 너무 격한 운동은 진정 효과가 없습니다.

Point 따로 시간을 잡을 수 없을 때는 아이와 함께 몸을 움직이는 것만으로도 충분한 효과가 있습니다.

 화를 통제하는 방법

긍정적인 감정을 늘린다
(행복 일기)

오늘 있었던 좋은 일만을 일기로 쓰는 방법입니다. 사소한 일이라도 상관없이 기뻤던 일, 즐거웠던 일을 기록합시다.

의식의 초점을 긍정적인 일에 맞추면 입에서 나오는 말도 긍정적으로 바뀌며 기분도 밝아집니다. 어떤 일의 좋은 면을 의식함으로써, 힘들고 괴로운 일이 많다고 여겨 왔던 생활 속에 있는 작은 행복을 새삼 실감할 수 있습니다.

나아가 자신의 생활뿐 아니라 자신의 좋은 점, 아이의 장점도 주목하게 됩니다.

 Point 예를 들면 항상 빨갛던 신호가 오늘은 파란 불이었다, 빵을 샀더니 덤으로 하나를 더 선물 받았다, 아이의 자는 모습이 귀여웠다 등이 있습니다.

 화를 통제하는 방법

일상의 틀을 살짝 바꾼다
(일상의 틀 부수기)

자신의 생활 속에서 정형화된 행동 양상을 조금 바꿔 보는 방법입니다.

일상의 틀을 아주 조금 바꿔 보는 것뿐이지만 불안해질 수도 있습니다. 정해진 패턴으로 움직이면 효율적이고 낭비가 없고 안심할 수 있기 때문입니다.

그러나 정해진 패턴 자체는 나쁘지 않지만, 아이와 함께 있으면 내가 짜놓은 예정대로 할 수 없는 일이 계속됩니다. 이때 자신의 틀에 집착하게 되면 시야가 좁아져서 마음의 유연성을 잃고 발상도 경직되고 맙니다.

무엇인가 하나 작은 일이라도 의식적으로 바꿔서 마음의 유연성을 높여 둡시다.

 Point 자신의 틀에서 벗어나는 것이 불안하다면 변화를 받아들이는 허용량이 줄어든 상태입니다.

화를 통제하는 방법

이완 훈련을 한다
(릴렉세이션 트레이닝)

　근육을 이완시키고 자율 신경의 움직임을 가다듬어서 스트레스 반응·긴장 상태를 가라앉히는 방법입니다.

　우선 스스로 그 필요성을 느끼는 것이 중요합니다. 마음의 긴장은 자각할 수 있어도 근육의 긴장을 감지하는 것은 어려운 법입니다. 긴장된 상태를 알아야 이완된 상태와의 차이를 알 수 있습니다. 매일 꾸준히 하면 심하게 긴장하는 사람에게도 효과가 나타납니다. 누워서 다음 순서대로 '긴장 → 이완'을 반복합시다.

- 주먹을 꽉 쥔다. → 손가락의 힘을 뺀다.
- 팔꿈치를 굽힌다. → 팔꿈치를 쭉 펴고 힘을 뺀다.
- 미간을 찡그린다. → 미간을 편다.
- 이를 꽉 문다. → 턱의 긴장을 푼다.
- 어깨를 치켜든다. → 내린다.
- 숨을 깊게 들이쉬고 복근에 힘을 준다. → 복근의 힘을 뺀다.
- 발끝을 멀리 뻗는다. → 원위치시킨다.
- 심호흡을 하고 마음을 편히 먹으며 몸 전체의 긴장을 푼다.

 Point　순서를 생각하면서 하면 긴장을 풀기 어려우므로, 스마트폰에 녹음해서 하는 방법을 추천합니다(190p).

 화를 통제하는 방법

'핵심 신념'을 유연하게 한다
(3단 기술)

내 화의 원인을 찾아서 어떻게 하면 화와 잘 사귈 수 있을지 생각하는 방법입니다.

우선 첫째 단에 **화를 느낀 계기를 적습니다**. 그리고 그때 당시의 내 생각 속에서 **나의 '핵심 신념'**을 찾아내어 둘째 단에 적습니다.

셋째 단에는 그 '핵심 신념'이 주위와 조화를 이루었는지, 타당하지 않은 것은 아니었는지를 생각하고, **'나를 포함한 모두가 장기적으로 건강할 수 있을까?'**를 기준으로 **현실적인 생각**을 적습니다. 떠오르는 생각을 모두 적어 나가면서 생각을 유연하게 바꿔 갑시다.

화가 난 사건	예) 진지하게 말하고 있는데 키득키득 웃기 시작한다.
화 속에 숨어 있는 핵심 신념을 찾아낸다.	'내 말 듣고 있는 거야? 날 우습게 보는 거야?' 등의 생각이 들며 열이 받는다. → 진지한 이야기를 할 때는 똑바로 들어야 한다.
나와 주위 사람 모두 장기적으로 건강할 수 있는 현실적인 생각을 적는다.	· 이야기할 때 표정이 무서워서 내가 웃길 바랐나 보다. · 혼날 것 같아서 얼버무리고 싶었나 보다. · 진짜로 내 말을 안 듣고 있었을 수도 있지만 우습게 보는 건 아닐지도 모른다.

화를 통제하는 방법

지금 이 순간에 집중한다
(마인드풀니스 / 명상)

'지금 이 순간에 주의를 집중시켜서, 의도적인 평가나 판단을 하지 않고 현실을 있는 그대로 받아들이는 것'이 마인드풀니스입니다.

화가 커지는 이유 중 하나는 과거나 미래 생각을 같이 하기 때문입니다. '또?', '저번에도 그랬잖아!'라고 생각하거나, 앞으로도 이 상황이 지속될 것만 같은 느낌 때문에 화나 불안이 커집니다.

짜증에서 벗어나려면 마음을 온화하게 유지하고 행복감을 높이는 마인드풀니스 훈련을 합시다. '지금 이 순간에 집중하는' 힘을 키울 수 있어 매우 유익합니다.

Point 1분부터 시작해서 나중에는 매일 5분 정도를 유지할 수 있게 되면 좋습니다. 아이와 함께 '지금 이 순간'에 집중해서 노는 것도 효과가 있습니다!

[방법]

1 자세를 가다듬고 등을 폅니다. 눈을 감고 천천히 심호흡합니다.

2 복식 호흡을 정성껏 반복하고 의식을 집중합니다. 코로 숨이 들어가서 배가 부풀어 오르고 입에서 숨을 조금씩 내뱉어서 배가 납작해지는 감각에 의식을 집중합니다.

3 잡념이 솟아도 털어 내려고 하거나 나쁜 일이라고 판단하지 않고, 순수하게 그것을 느끼며 받아들이고, 있는 그대로 내버려 둡니다. 그리고 지금 이 순간에 의식이 집중할 수 있도록 호흡에 집중합니다.

*걸으면서 하는 명상인 '워킹 메디테이션'도 있습니다(메디테이션 = 명상).

[워킹 메디테이션]
한 걸음씩 뗄 때마다 자신의 호흡, 발바닥의 감각, 전신의 움직임 등을 잘 관찰합니다. 걸을 때는 발의 움직임을 느끼면서 '왼발, 오른발, 좌, 우…' 이렇게 머릿속으로 말하며 걷습니다.

화를 통제하는 방법

오늘 하루 화내지 않기로 한다
(평온한 24시간)

24시간 연속으로 철저하게 '화를 내지 않겠다'라고 정해 놓는 방법입니다.

표정, 말투, 태도 등 모든 면에서 화가 나고 짜증이 나도, 또는 슬프고 우울해도 무슨 일이 있든 간에 의식적으로 평온하게 행동하는 것입니다.

내가 바뀌는 것보다 상대방을 바꾸고 싶다고 생각하게 마련이지만, 실제로 상대방을 변화시키는 것은 나를 바꾸는 것보다 훨씬 더 힘듭니다. 그리고 그 힘든 작업으로 인해 스트레스만 커집니다. 이 방법은 나 자신이 변함으로써 주위에 어떤 영향을 주는지 실감할 수 있고 자신의 변화에 의의를 둘 수 있습니다. 아이는 부모의 변화를 바로 알아차릴 것입니다.

Point 화내지 않고 지내는 것이 얼마나 기분 좋은 일인지, 화를 안 내도 잘 풀린다는 사실을 스스로도 실감할 수 있을 것입니다.

 화를 통제하는 방법

유머를 잊지 않는다

　모든 일을 일일이 너무 심각하게 받아들이지 않는 것도 중요합니다. 화가 났을 때 그 상황 속에서 유머를 찾아내면 화에 사로잡히지 않을 수 있게 됩니다. 그러니 상황을 더욱 나쁜 쪽으로 생각하지 않도록 합시다. 유머는 스트레스 지수를 끌어내리고 기분을 상쾌하게 하며, 화로 인한 긴장을 풀어 줍니다.

　미소를 지으면 표정근이 뇌에 작용해서 긍정적인 기분을 만들어 냅니다. 무엇보다도 아이와 즐거운 시간을 공유하는 것은 신뢰 관계를 쌓는 것으로 이어집니다. 함께 웃는 시간이 있어야 비로소 혼내야만 하는 경우에서의 효과도 커집니다.

Point 유머와 많이 웃는 것의 효과는 부모의 정신에서만 머무는 것이 아니라 아이에게도 옮겨가 좋은 영향을 끼친다는 것을 잊지 마세요.

아이와 함께 하는 분노 조절

아이가 화났을 때 해 보자

가슴을 토닥토닥

팔을 가슴 앞에서 교차하고 가슴을 토닥토닥 두드립니다. 부모가 아기의 등을 부드럽게 토닥이는 속도로 느긋하게 합니다. 긴장을 푸는 효과도 있습니다.

손바닥을 쥐었다 펴기

근육을 푸는 것과 동일한 효과가 있습니다. 특히 화나면 주먹을 쥐는 버릇이 있는 아이는 그 힘을 확 빼고 긴장을 풉시다. 손바닥 가운데에서 화가 확 빠져나가는 느낌을 상상하면서 해 봅시다.

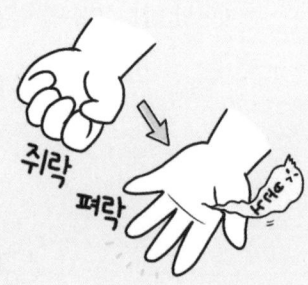

제자리에서 점프하기

몸을 똑바로 세우고 위아래로 폴짝폴짝 계속 뛰면 화가 몸에서부터 빠져나갑니다. 형제끼리 싸우기 시작했다면 "너희들 거기서 뛰고 있어!"라고 말해 보면 어떨까요?

6까지 숫자 세기

충동을 흘려보내는 마법의 6초를 세 봅니다. 세고 있는 동안에는 홧김에 어떤 말을 하거나 행동하지 않습니다. 마음이 차분해진 것을 확인하고 나서 행동을 개시합니다. 자가 훈련을 통해 습관을 들입시다.

> 어릴 때는 스스로 통제하기 힘든 법. 통제할 수 있을 때까지 응원해 주자.

아이가 화났을 때 해 보자

화를 그림으로 표현하기

화를 그림으로 표현하여 화를 건전하게 쏟아 내는 방법입니다. 그림을 다 그리면 구겨서 쓰레기통에 버립니다. 그러면서 자신의 화에 집착하지 않고 내보내는 것을 상상합시다.

스트레칭

굳은 근육을 이완하는 것의 효과는 어른과 아이 상관없이 큽니다. 특히 아이가 격하게 울다가 경기를 일으킬 지경일 때는 큰 근육을 주물러 주면 진정할 수 있습니다.

풍선에 내뱉기

풍선에 뱃속의 공기를 내뱉습니다. 화를 풍선 속에 가둬 두고 풍선 공기를 천천히 빼냅시다. 기분이 후련해질 때까지 반복합시다. 이를 통해 화를 터트리거나 홧김에 말을 내뱉지 않고 적절히 밖에 내보내는 감각을 익힙시다.

마음이 진정되는 물건 만지기

마음에 드는 수건, 털 인형 등 마음을 진정시킬 수 있는 물건이 있으면 화를 더 수월하게 통제할 수 있습니다. 유치원이나 학교에는 가져갈 수 있는 물건이 제한되지만, 몸에 지닐 수 있는 물건을 준비해 주면 아이도 안심할 수 있습니다.

3
상황별 화내지 않는 접근법

여기에서는 아이에게 화날 법한 상황을 다루어, 사례별로 화를 통제하는 사고방식과 말을 살펴볼 것입니다. 매일같이 자꾸 화를 내게 되는 이 상황 때문에 한숨짓지 말고, 화내지 않아도 효과가 있는 접근법을 함께 살펴봅시다. 포인트나 보조 해설도 참고해 주세요.

1 행동만 혼낼 것

2 이야기의 시점을 미래에 둘 것

훈육의

3 단정 짓지 말 것

4 할 말을 한마디로 정리할 것

3부와 4부에 등장하는 사람들

 아빠　엄마　건희　하은

느긋한 아빠와 육아 전쟁 중인 엄마.
초등학생 건희(오빠)와
유치원생 하은이(여동생)

5 진지하고 의연하게 혼낼 것

6 단도직입적으로 말할 것

기본

7 아이를 잘 관찰할 것

행동만 혼낼 것

　혼낼 때는 '행동'에 주목해서 말하도록 합시다. 거친 표현은 아이의 성격 자체를 부정하게 되거나 그 말이 본인에게 무의식중에 새겨질 수도 있으며, 아이에게 상처를 주고 맙니다. 특히 어릴 때는 부모가 한 말을 자신의 기질이라고 철석같이 믿어 버리므로 각별한 주의가 필요합니다.
　될 수 있는 한 구체적으로 말하는 것도 포인트입니다. 구체적으로 말해야 무엇이 잘못됐는지, 어떻게 개선해야 할지 알기 쉽습니다.

✘ 게으름 피우지 마!
　○ 지금 바로 하자.

✘ 왜 그렇게 행동이 거치니!
　○ 가방 던지지 마.

✘ 왜 그렇게 칠칠치 못하니!
　○ 셔츠를 속에 넣으렴.

✘ 건방지게….
　○ 솔직하게 고맙다고 말하자.

✘ 말하는 게 참 밉상이다.
　○ 그런 식으로 말하지 말자.

 Point 행동을 구체적으로 말하는 것은 칭찬할 때도 효과적입니다.

이야기의 시점을 미래에 둘 것

혼내는 것의 목적은 '개선'하는 데 있습니다. 못하는 일을 꾸짖으면, 적극적인 마음이 들기는커녕 개선 가능성이 낮아질 뿐입니다.

"왜?"라고 물어도 이유는 스스로 모르는 일이 대부분입니다. 억지로 대답하게 해 봤자 핑계만 늘 뿐, 오히려 화만 돋우게 됩니다. 그러니 어떻게 하면 좋을지를 물어봄으로써 스스로 생각하게끔 합시다.

✗ 왜 안 했니!

○ 다음엔 하자.

✗ 왜 그랬니?

○ 어떻게 하면 좋을 것 같아?

✗ 왜 그거 하나 못하니?

○ 어떻게 하면 할 수 있을까?

✗ 저번에도 말했잖아.

○ 이번에는 어떻게 할 거야?

 Point '왜?'를 '어떻게 하면?'으로 바꾸면 좋습니다.

단정 짓지 말 것

　원인·이유를 억측이나 선입관으로 단정 짓고, 무작정 호되게 혼내지 않도록 합시다. 불합리함으로 인해 반발심만 키우고 개선으로 이어지기 힘든 방법입니다.

　'항상', '꼭', '매일' 등의 표현은 NO입니다. 과한 표현은 쓰지 않도록 합시다. 반론을 할 뿐 아니라 '잘한 일은 평가받지 못 해'라고 생각하며 사기가 저하되기도 합니다.

✗ 왜 항상 바로바로 안 하니? 게을러터져서는….

○ 말이 나왔을 때 바로 하자.

✗ 들키지만 않으면 된다고 생각하고 말 안 했구나!

○ 숨기지 말고 알려 주렴.

✗ 어떻게 이렇게 매일 까먹을 수가 있니?

○ 물건 좀 잘 챙기자.

✗ 넌 항상 반항적이야.

○ 대답해.

 Point 이야기의 논지가 흐려지는 원인이 되므로 부정적인 말은 조심합시다.

할 말을 한마디로 정리할 것

화를 내기 시작하면 이것저것 죄다 말하고 싶어지는 사람은 각별한 주의가 필요합니다. 자신도 무슨 말을 하고 싶었는지 모르게 될 때가 있지 않나요?

혼낼 때는 '그 자리에서 바로 말하기'를 명심합시다. 예전 일은 끄집어내서 말해도 잘 전달되지 않으며 '지금' 하고 싶은 논지마저 흐려집니다.

'장황하게 늘어놓지 않기', '말이 끝나면 종료하기', '질질 끌지 않기'를 잊지 마세요!

빨래를 내놓지 않는다.

✗ 칠칠치 못하게.
  저번에도 새 학기가 시작되기 직전
  까지 입었던 체육복 안 내놨었잖아.

✗ 교복도 안 빨았지?

✗ 정신 똑바로 안 차리니까 준비물도
  까먹고 지각도 많이 하는 거야.

○ 빨래는 잊기 전에 꺼내 놓자.

○ 다시 한번 말하겠지만,
  빨래는 바로바로 내놓자.

Point 집요하게 꾸짖으면 '나쁜 짓을 했다'
라고 느끼는 대신 '나쁜 아이'라고 느
끼게 됩니다.

진지하고 의연하게 혼낼 것

 화내고 악을 쓰는 것이 효과가 있다고 느끼는 사람이 많습니다. 그 이유 중에는 '내가 얼마나 심각한지가 전해진다'라는 것이 있기 때문입니다. 그러나 감정적으로 강한 압박을 주는 것보다 효과적인 것이 이 방법입니다.

 바로 조금 몸을 숙여서 눈높이를 맞추고, 아이의 눈을 똑바로 보면서 차분한 말투로 천천히 또박또박 의연하게 말하는 방법입니다. 이 방법은 악을 쓰는 것 이상으로 진지함을 잘 전달할 수 있습니다.

✗ 뭔가 하면서 말한다.

→ ○ 눈높이를 맞추고 눈을 똑바로 보며 야단친다.

✗ 가벼운 느낌으로 말한다.

→ ○ 아이의 정면에 앉아서 똑바로 마주 본다.

→ ○ 적당한 크기의 목소리로 천천히 말한다.

✗ 아이의 기세에 눌려 아이의 기분에 맞춰 준다.

→ ○ 의연한 태도로 진지하게 말한다. 혼내야 할 일에 대해서는 물러서지 않는다.

Point 칭찬할 때와 기쁠 때는 감정적으로. 혼낼 때는 이성적으로.

단도직입적으로 말할 것

몇 번을 말해도 말을 안 들으면 에둘러 야단치게 될 때도 있지요. 그러나 완곡한 표현 및 비꼬는 표현을 통해 말하거나, 말이 아닌 태도를 통해 표현하는 것은 아이에게 전달되기 어렵고 효과가 별로 없는 방법입니다.

혼낼 때는 아이도 이해할 수 있는 말을 골라서, 단도직입적으로 '요구'의 의미로 말하는 것이 아이가 이해하기에 가장 쉬운 표현입니다.

✗ 어차피 안 할 거잖아?

○ 지금 바로 해 줄래?

✗ 그럴 거면 이제 하지 마!

○ 해야 할 일은 제대로 해야 해.

✗ 왜 그렇게 굼뜨니?

○ 빨리 끝내.

✗ 도대체 얼마나 더 기다리게 할 거야?

○ 기다리고 있으니까 빨리 해 줘.

Point 할 수 있을 때까지 '반복해서' 말해 줍니다.
그리고 '혼내기 전에는 이해할 수 있는 말을
고르기'를 꼭 기억하세요.

아이를 잘 관찰할 것

혼내기 전에 우선 아이를 유심히 관찰합시다. 악의가 있었는지, 선악의 판단을 못하고 있는지, 아니면 단순한 실수로 본인도 반성하고 있는지 등. 그 아이의 연령이나 이해도에 따라 적절한 훈육 방식은 달라집니다.

혼내기 전에는 반드시 아이의 상태를 잘 보도록 하며, 이후에는 몰아세우거나 내치지 말고 책임감 있는 대응을 선택합시다.

아직 선악의 판단이 서지 않았다.

→ ○ 왜 안 되는지 이해할 수 있는 말로 가르친다.

나쁜 줄 알고 했다.

→ ○ 관심을 끌고 싶은 것이라면: 충족되지 않은 1차 감정에 주목해서 말을 걸어 준다.

→ ○ 악의가 있었다고 판단될 때: 혼낼 필요가 있다. 적절하게 혼낸다.

본인이 후회 · 반성하고 있다.

→ ○ 몰아세울 필요가 없다. '사과한다', '책임지고 뒤처리를 한다' 등의 행동을 하는지 지켜본다.

 Point '칭찬:혼내기'의 황금비율은 대략 7:3입니다.

부모가 짜증을 느끼는 순위 TOP 10

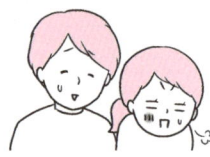

일상생활 속에서 시간에 쫓기거나, 주위의 눈치가 보이거나, 훈육해야 한다고 조바심이 난다거나 등의 이유로 인해 아이의 언행에 짜증이 나는 것은 흔한 일입니다. 흔히 있을 법한 짜증 나는 상황 중에서도 특히 더 짜증 나는 상황을 3가지씩 투표한 결과를 바탕으로 TOP 10을 소개합니다.

(설문조사는 2019년 3월 8일~2019년 3월 15일에 150명을 대상으로 주식회사 마케팅 어플리케이션즈가 운영하는 설문 조사 사이트 'アンとケイト'를 통해 실시한 것입니다)

1위
정리하지 않는다
→ 84

- 왜 바닥이 안 보일 정도로 어지럽히고는 또 다른 곳으로 이동하면서 노는 걸까?
- 정리하라고 말하면 방구석으로 몰아 놓을 뿐이니….

2위
밤에 좀처럼 잠들지 않는다
→ 90p

- 아이가 잠들면 보고 싶었던 드라마를 볼 생각이었는데 안 자서 더 짜증이 난다.
- 손끝이 거칠다는 등 쓸데없는 일을 호소하며 안 잔다.

3위
준비하는 데 시간이 오래 걸린다
→ 142p

- 카디건 단추를 잠그는 데만 5분 이상 걸린다.
- 준비하는 것도 느린데, 설상가상으로 옷도 마음에 안 든다고 말한다.

모처럼 만든 음식을 먹지 않는다 → 96p
- 이럴 거면 이제 급식으로 영양을 공급받았으면 한다.
- 저번에는 먹었는데 오늘은 왜 안 먹을까?

목소리가 크다 → 122p
- "들린다고!"라고 소리 지르고 싶어진다.
- 나도 같이 목소리를 높이게 돼서 피곤하다.

해야 할 일을 하지 않는다 → 104p
- 언제까지 감시해야 하는 걸까?
- 동생한테 주의를 줬더니 "오빠도 안 했어"라고 고자질을 해서 알게 된다.

위험한 행동을 한다 → 108p
- 왜 그렇게 높은 곳을 좋아하는지 모르겠다.
- 이 세상에서 제일 무서운 장소는 주차장이다. 무슨 일이 일어날지 모르니까….

놀러 나가면 집에 가기 싫어한다 → 112p
- 한잔하러 나가면 집에 들어오기 싫어하는 남편 같은 건가?
- 어린이집도 마찬가지. 데리러 가면 한다는 말이 "뭐야, 벌써 왔어?"라니.

음식을 가지고 논다 → 132p
- 놀고 있어서 언제까지고 식탁 위를 치울 수가 없다.
- 재촉하면 결국에는 빨리 먹기 좋은 주먹밥만 집어 먹기 때문에 영양 상태가 걱정된다.

집에 있는 물건을 더럽힌다 → 140p
- 더럽힐 거라면 빨 수 있는 것을 더럽혔으면 좋겠다.
- 남한테 빌린 책을 찢어서 화가 치밀어 올랐다.

> 부모가 짜증을 느끼는 순위 **1위**

아이의 난처한 언행 case 01

정리하지 않는다

> 왜 안 치워!

> 항상 엄마가 치우잖아.

> 왜 이렇게 오래 걸려!

Point

아이가 못한 일을 강조해서 다그치면 정리에 대한 거부 반응이 강해지므로 잘한 날에 많이 칭찬해 주는 것이 더 효과적이다. 또한, 아이 스스로 간단히 정리할 수 있도록 연구해 보자. 겁을 줘서 행동하게 하는 것보다 즐겁게 작업할 수 있도록 하면 일시적인 효과로 끝나지 않는다.

조언

시점을 미래로 둔다.
구체적으로 반복한다.

| 책을 책꽂이에 꽂자. | ← 몇 번이고 반복해서 단도직입적으로 말한다. |

| 오늘은 정리를 잘했네. | ← 못하는 날뿐 아니라 잘한 날도 잘 보고 말해 주자. |

| 장난감들이 모두 집에 가고 싶대. | ← 모든 물건에 생명이 있다고 생각하는 아이의 성질을 이용하여, 의인화해서 전하면 물건을 소중하게 다루게 된다! |

아이의 난처한 언행 *case 02*
화나면 남을 때린다

✖ NG

> 야! 뭐 하는 거야!

> 사과해!

> 빌려주면 되잖아.

손이 먼저 나가는 것은 말이 나오지 않기 때문이다. 이때는 자신의 기분에 주목하고 그것을 표현하는 방법을 아이에게 가르치자. '화를 참게 하는 것'보다 '화를 안 내도 전할 수 있는' 방법을 익히면 말썽도 줄고 아이의 스트레스도 줄어든다.

조언

'때리다'를 대신하는 말을 가르친다.

① 왜 때렸어? — 훈육이라는 명분하에 바로 다그치지 말고 우선은 아이의 마음을 이해한다.

② 그래, 싫었구나. — 일단 아이의 마음을 받아들인다. 그리고 나서 때린 것에 대해 사과하는 것도 가르친다.

③ "곰돌이 빼앗지 마. 돌려줘"라고 침착하게 말하자. — 어떻게 하고 싶은지, 어떻게 해 줬으면 하는지를 전달하는 말을 가르치자.

아이의 난처한 언행 case 03

몇 번을 주의 줘도
그만두지 않는다

 **NG**

- 빨리 하라니까!
- 그만 좀 해!
- 몇 번을 말해야 알겠니!

 Point

혼내고 싶은 사실 자체에다가 '또 똑같은 일이야?'라는 생각이 더해져서 화가 증폭된다. 소리를 질렀더니 말을 들었다는 경험 때문에 무심결에 또 소리를 지르고 싶어지지만, 그래서는 점점 더 심해질 뿐이다. 혼낼 일을 한 가지로 추려 내면 무엇을 먼저 전달해야 할지 알게 된다.

조언

화에 '또?'를 더해 온도를 높이지 않는다.

 OK

- 여러 번 말했으니 이제는 기억하자.
  — '여러 번 말했는데도 안 한다'라는 사실을 혼내고 싶다면 그것을 말한다.

- 추우면 옷을 입어.
  — 원래 하고 싶었던 말의 논지를 흐리지 않는다. 소리를 지르기보다는 눈을 보며 의연하고 진지하게 말하자. 도리어 작게 말해도 된다.

- 전력을 낭비하지 않고도 할 수 있는 일이 있잖아.
  — 혼내고 있는 기준·규칙을 정확히 이해할 때까지 설명한다.

부모가 짜증을 느끼는 순위 2위

아이의 난처한 언행 *case 04*

밤에 좀처럼 잠들지 않는다

✕ NG

> 몇 신데 아직도 안 자!

> 저기 봐, 늑대가 잡으러 온다!

> 빨리 안 자면 이제 안 놀러 갈 거야!

Point

화를 내거나 협박을 해도 아이는 일찍 잠들지 않는다. 짜증을 내도 변하지 않는 '잠들기까지의 시간'을 어떻게 보낼지는 부모의 마음에 달렸다. 바꿀 수 없는 상황을 받아들인 후, 할 수 있는 일을 하자.

조언

짜증을 내도 아무것도 바뀌지 않으니, 아이를 바꾸기보다 라이프 스타일을 바꾼다.

> 자, 같이 자자.
> 내일 아침에 일어나면 ~하자.

짜증을 내도 강제로 재우는 것은 불가능하다. 오히려 라이프 스타일을 바꿔서 '함께 자고, 해야 할 일은 이른 아침에' 하는 것이 효과가 제일 좋다.

> 이제 슬슬 잘 준비하자.

조명을 일찍 어둡게 하거나 조용한 음악을 틀고, 잠옷으로 갈아입고 이를 닦는 등 침대에 들어가기까지의 과정을 확립하자. 낮에 충분히 놀고, 밤에는 핸드폰이나 TV에서 나오는 빛을 보이지 않는 것도 중요하다.

+ 효과적인 다른 방법 이완 훈련(56p)과 마인드풀니스(58p)를 함께 하는 것도 효과가 있다.

아이의 난처한 언행 **case 05**
사달라고 떼를 쓴다

✗ NG

> 또? 오늘은 안 살 거야!

> 창피하니까 조용히 해.

> 어휴…. 진짜 오늘만 사 주는 거야!

Point

'떼'를 통한 교섭에 응해 주는 것은 나쁜 '성공 경험'을 준다. 버티면서 계속 조르면 부모한테 응석이 통한다는 것을 학습하게 되므로, NO라고 정한 일은 확실하게 NO로 일관한다. 이렇게 필요할 때 참는 것을 통해 자제심이 자란다.

조언

NO의 경계선을 확실하게 한다.
안 된다고 정한 일에서 물러서지 않는다.

OK

> 엄마가 안 된다고 한 건 졸라도 소용없지?

> 생일 때 줄 테니까 제일 갖고 싶은 게 뭔지 천천히 생각해 둬.

공공장소에서는 주위에서 암묵의 압박을 느낄 수도 있다. 시끄러우니까 무심코 사서 해결하고 싶어지겠지만, 그것을 반복할수록 육아는 힘들어진다.

지금은 없지만 정당하게 받고 싶은 것을 받을 기회가 있다는 것을 알려 주고, 갖고 싶은 물건에 우선순위를 매길 것. 그때까지 기다리는 즐거움을 가르치자.

아이의 난처한 언행 case 06
매일 아침마다 깨워야 한다

✖ NG

- 지금 몇 시 줄 알아?
- 늦게 자니까 그렇지!
- 지각하든지 말든지!

Point

'스스로 일어난다'라는 이상에 연연하면, 그렇지 않은 현실을 볼 때마다 짜증이 나고 아침부터 힘이 다 빠지고 만다. 이럴 때는 오히려 감정적으로 대하지 않아야 시간과 에너지를 소모하지 않고 안정적으로 계속 말할 수 있다.

조언

짜증 내지 않아도 깨울 수 있다.

> 7시야, 이제 일어나.

> 일어날 시간이야. 시간 거의 다 됐어.

> 일어나라고 세 번 말했다.

바쁜 아침이야말로 담담하게 말한다. 몇 번이고 단도직입적으로 말하되 쓸데없는 말을 주고받지 말고 사무적으로 말한다.

제시간에 집에서 내보내는 것이 '부모가 할 일'이라고 정해 놓고 계속해서 재촉하자.

> 부모가 짜증을 느끼는 순위 **4위**

아이의 난처한 언행 case 07
모처럼 만든 음식을 먹지 않는다

 **NG**

> 힘들게 만들었는데 할 소리니?

> 누구 때문에 열심히 만들었는데!

> 영양 생각해서 다 먹어!

 Point

 나의 노력이 쓸모없어졌다는 사실, 부모로서의 '핵심 신념'을 충족하지 못한 사실이 화로 이어지는 경우도 있다. 아이를 위한 것이라고 하면서도, 자신이 생각하는 '이상적인 부모상'에 사로잡히는 때도 있다.

조언

자신의 '핵심 신념'에
너무 매달리지 않는다.

OK

열심히 만들었는데 속상하네.

나 전달법으로 생각을 전달하는 것도 좋은 방법이다. 자신의 문제(자기 만족)를 채우기 위해 아이의 문제(배가 안 고픈 상태)를 몰아세우는 일이 없도록 하자.

그럼 이건 내일 아침에 먹자.

어른도 식욕이 없을 때가 있다. 화와 사귀는 STEP 3의 ②(39p)에서 본 '허용 가능 범위'를 넓히고, 괜히 욱하지 않도록 하자.

아이의 난처한 언행 *case 08*
인사를 안 한다

 NG

- 왜 인사 안 하니?
- 예의가 없어서 창피해….
- 엄마가 잘못 가르친 줄 알겠어!

 Point

아이에게는 부모의 '말'보다 '행동'이 더 영향력이 있다. 아이는 '부모가 하는 행동'을 평소에도 잘 보고 있다. 못하는 일을 다그치거나 '못난 아이' 혹은 '창피한 아이'라는 식으로 아이를 판단하지 말고, 나 자신의 자세를 보여 주며 가르치자.

조언

부모가 잘하고 있다면 괜찮다.
'말'보다 '행동'을 따라 한다.

"감사합니다"라고 해야지. — 아이 본인의 입에서 나왔으면 하는 마음은 굴뚝같지만, 못하더라도 야단치지 말고 할 수 있게 될 때까지 가르치면 된다.

○○야 고마워. — 평소에 엄마가 아이에게 고맙다는 표현을 하고 있다면 언젠가는 할 수 있게 된다.

아이의 난처한 언행 case 09
행동이 느리다

나갈 준비며 내일 학교 준비며 심부름이며,
할 일은 알고 있을 텐데.
무엇에 연연하는지 뒷마무리가 너무 느리다….

 엄마가 부탁한 빨래 다 갰니?

응 지금 하고 있어~
(그러나 필요 이상으로 꼼꼼하게 하고 있는 모습)

✗ NG

빨리빨리 좀 못해?

느려 터져가지고….

그만 됐어. 엄마가 할게.

 Point

기다릴 수 있을 때와 기다릴 수 없을 때 등 어른의 사정에 따라 혼내는 기준을 바꾸지 않도록 하자. 아이와 함께 있을 때는 시간의 스위치를 바꾼다. 현대인은 기다리는 것을 힘들어하는데, 기다리지 못하는 사람은 화를 쉽게 내는 사람이기도 하다.

조언

기다리는 시간이 아이의 성장 시간이라고 생각한다.

| 허둥대지 말고 하나씩 해 보자. | 아이가 스스로 할 수 있는 일을 부모가 대신 하는 것은 '응석받이'로 키우는 셈이다. '응석을 받아 주는 것'은 좋지만 '응석받이'는 좋지 않다. |

괜찮아, 기다릴게. — 어른처럼 빨리 움직일 수 없다는 것은 잘 알고 있는 사실이다. 시간에 대해 여유를 가지면 짜증은 줄어든다.

오늘은 시간이 없으니까 이건 이따가 하자. — '서두르는 방법'을 아직 모를 때는 무엇을 먼저 하고 나중에 할지 구체적으로 말해 준다.

아이의 난처한 언행 case 10
기다리지 못하고 참지 않는다

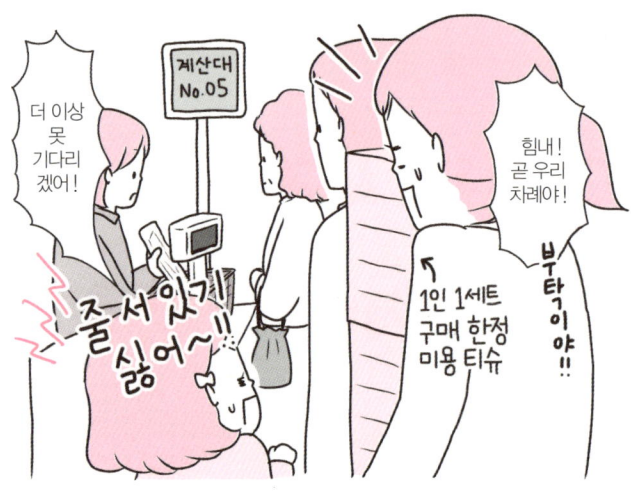

✖ NG

> 시끄러! 자, 조용히 게임하고 있어.

> 엄마가 줄 서 있을 테니까 저쪽 가서 놀고 있어 (시끄러우니까).

> 조용히 해. 어떻게 해서든 먼저 하게 해 달라고 할 테니까.

Point

기다릴 줄 아는 아이는 자제심이 있는 아이이다. 자제심은 화내서 키우는 것이 아니라 훈련으로 키울 수 있다. 자제심이 강해지면 장래의 학력이 높아진다는 사실도 연구에서 밝혀졌다. 자제력은 화를 잘 내는지 아닌지와도 관계가 있다.

조언

'기다리다'와 '참다'는 '자제심'. 자제심은 일상에서 자라는 힘!

OK

다른 사람들도 급하지만 줄 서서 기다리고 있는 거야.

세 번째네. 이제 5분 정도 걸리겠다.

능동적으로 기다리게 하기 위해서는 '기다리는 이유'와 '기다리는 시간'을 알게 하는 것이 중요하다. 그리고 잘 기다렸다면 칭찬하는 것이 효과가 있다.

+ 효과적인 다른 방법 카드 게임, 보드 게임 등 순서를 지켜야 하는 게임을 하는 것도 '기다리는 훈련'이 된다.

부모가 짜증을 느끼는 순위 6위

아이의 난처한 언행 case 11

해야 할 일을 하지 않는다

✗ NG

- 5시가 되면 숙제한다면서?
- 왜 아직도 TV 보고 있는 거야?
- 왜 안 해?

Point

"왜?"라고 다그치는 것은 별로 효과가 없다. 자각을 돕기 위해 "어떻게 하면 할 수 있을까?"라고 아이에게 물어보고 아이 스스로 생각하게끔 하자. '시켜서 하는 느낌'보다 스스로 생각해 낸 계획이어야 동기 부여가 더 되는 법. 훈육의 기본 ②(구0p)을 참고하자.

조언

'왜?'가 아닌 '어떻게 하면?'을 통해 스스로 생각하게끔 한다.

OK

> 어떻게 하면 숙제를 시작할 수 있을까?

아이 자신도 타개책이 필요하다는 것을 어렴풋이 알고 있는 일은 스스로 생각하게끔 한다.

> 몇 시에 시작해야 식사 때까지 끝날까?

구체적으로 이미지를 떠올리게 한다. 부모는 자연스럽게 생각할 수 있는 것이라고 해도 말을 한다.

> 알았어. 그렇게 해 보자.

아이가 스스로 못할 법한 일을 제안했을 경우의 대답이다. 시행착오를 거치자는 것인데, 할 수 없을 때도 나무라지 말고 다음 계획을 세우게 하고, 할 수 있게 될 때까지 거듭 생각하게 한다.

아이의 난처한 언행 case 12
약속을 안 지킨다

 **NG**

- 매일 같은 말을 반복하게 하지 마.
- 됐어. 이제 안 해도 돼!
- 너한테 실망했어.

  Point

'강화하고 싶은 행동', '줄이고 싶은 행동', '못하게 하고 싶은 행동'으로 나눠서 생각한다. '강화하고 싶은 행동'으로 바꿔 나가기 위해서는 '못했을 때'보다 '해냈을 때'에 주목해서 말을 걸어 주는 것이 제일 효과적이다.

조언

해냈을 때야말로 보고 있기, 인정하기, 말 걸기!

> 오늘은 잘 지켰네. 고마워.

못할 때만 발견해서 혼내는 것이 아니라 잘 해낸 날도 잘 본다.

> 스스로 알게 됐구나.

발전과 성장도 인정하자. 그러나 시키지 않았는데 어쩌다 아이 스스로 해냈다고 해서, 앞으로도 계속 아이가 혼자 해내기를 기대하지는 말자. 웬만큼 의지가 강한 아이가 아니고서야 아이가 항상 스스로 알아서 하는 것은 힘들다.

> 엄마가 말을 안 해도 지켜 줘서 정말 기뻐.

부모가 나를 보고 있다. 부모에게 인정받고 있다는 의식은 활력이 되는 법. 기쁜 마음을 전달하는 것도 좋다.

부모가 짜증을 느끼는 순위 7위

아이의 난처한 언행 case 13
위험한 행동을 한다

✕ NG

> 위험하니까 안 돼!

> 뭐하니! 떨어지겠어!

> 어허, 뛰지 마.

Point

"~하지 마"라는 지령은 뇌에서 바로 알아듣기 힘들다. "뛰지 마"라는 말에는 '뛰다'라는 단어가 있기 때문에 '뛰는 것을 그만두다'로 이어지기가 힘들다. 이럴 때는 '멈추다' 등 '했으면 하는 일'을 구체적으로 말해야 뇌로 전달이 부드럽게 잘되고 행동 반응도 빠르다.

조언

'~하지 않도록'보다 '~하도록'을 사용한다.

OK

| 위험해! 좌우를 살펴! | 위험한 행동은 그 자리에서 바로 혼낸다. 해서는 안 될 것보다도 했으면 하는 것을 구체적으로 지시한다. |

| 발밑을 잘 보면서 내려와. | 무엇을 조심해야 하는지 구체적으로 말한다. |

| 차는 움직일 수도 있어. | 눈앞의 일에 몰두했을 때는 다 아는 사실이더라도 말해 준다. |

아이의 난처한 언행 case 14
형제간에 자주 싸운다

사이가 나쁜 건 아닌데
장난감을 서로 먼저 쓰겠다고 빼앗다가
금방 싸움으로 번진다.

좀 비켜 봐. 내가 먼저 놀고 있었잖아.

나도 여기서 놀고 싶은데!
엄마~ 오빠가…!

✕ NG

- 시끄러! 그만 싸워!
- 누가 잘못한 거야? 빨리 사과해.
- 일단 화해부터 해.

 Point

형제지간의 다툼도 중요한 사회 공부이지만 상대방을 상처 입히는 것을 목적으로 한 싸움은 좋지 않다. 자신의 기분을 전하면서, 서로의 문제를 해결하는 것이 목적이 되어야 한다. 아이가 내놓는 해결 방법이 어른의 눈에는 유치해 보일지 모르지만 경험을 쌓을수록 질이 높아진다. 그러니 위험할 때만 개입하도록 하자.

조언

잘 싸우는 아이로 키우자.
목표는 서로의
합의점을 찾는 것!

너희끼리 해결하렴.

잠잠히 지켜보자. 끼어들고 싶어도 여기에서는 꾹 참는다.

어떻게 하고 싶은지, 어떻게 해 줬으면 하는지 이야기해 봐. 서로 물어보고 이야기 나눠 봐.

나 전달법을 평소 대화에서 사용하도록 지속적으로 환기시키면 도움이 된다. 자신과 상대방의 입장에 선 win-win 해결책도 아이 나름대로 생각할 수 있다.

부모가 짜증을 느끼는 순위 **8위**

아이의 난처한 언행 case 15

놀러 나가면 집에 가기 싫어한다

 **NG**

자, 집에 갈 시간이라니까!

말 안 들으면 이제 안 올 거야!

고집부리지 마.

Point

유아기에는 집에 가는 시간 등 한 번 규칙을 정하면 철저히 지켜야 육아가 더 쉬워진다. 단, 규칙을 충분히 지킬 수 있는 나이가 되면, 때로는 어른의 사정을 내려놓고 '내 마음이 우선시됐다'라는 신뢰감을 구축하자. 이로 인해 부모가 정말 어쩔 수 없는 상황에 놓였을 때 아이들의 협력을 얻기 쉬워진다.

조언

미리미리 말해 준다.
놀기를 시작하기 전에
규칙을 만들고 바꾸지 않는다.

이제 15분 뒤에 집에 갈 거야.
슬슬 정리 시작해.

취학 전까지는 다그치거나 협박하지 말고 규칙은 바꾸지 않는다. 미리 상기시키고 엄마도 정해 놓은 시간을 지킬 것.

집에 가면 밥하는 동안에
샤워 다 해 놓겠다고
약속할 수 있어?

만 7, 8세가 되면 생활 시간에 자율성을 부여하는 것도 효과적이다. 존중받고 인정받는다고 느낌으로써 시간에 대한 의식도 높아진다.

아이의 난처한 언행 case 16
편식이 심하다

 **NG**

- 왜 못 먹어?
- 편식 좀 그만해!
- 그럴 거면 먹지 마!

 Point

'최소한' 어떻게 하면 짜증이 안 커질지를 생각한다. "편식해서는 안 돼"라는 조건을 현실 상황에 따라 느슨하게 푸는 식이다. 필요한 영양소를 최소한이나마 섭취하고 있다면 일단 허락하고, '요리한 보람이 없다'라는 등 자신의 기분을 얹어서 화내지 않는다.

조언

'최소한…'을 생각하면서 엄마의 '핵심 신념'을 유연하게 조절한다.

> 최소한 먹어 보지도 않고 싫어하지는 말자.

→ 이상과 자기 자신의 '핵심 신념'에 너무 얽매이지 않도록 하자. 초조해하지 말고 언젠가 이상에 다가가기 위한 말을 하자.

> 함께 먹으니까 맛있다.

→ 안 먹어도 즐거운 식탁 분위기를 만든다. 앉아서 식사랑 마주하는 부분부터가 시작이다.

+ 효과적인 다른 방법 함께 요리를 하거나, 외식 등을 이용해서 아이가 좋아하는 맛을 발굴하거나 재료와 메뉴의 맛있는 맛을 기억하게 한다.

아이의 난처한 언행 case 17

화장실 가기가 무섭다며 깨운다

밤중에 자고 있는데
누가 흔들어 깨워서
눈을 떠 보니 아이가 빤히 쳐다보고 있다.

(엄마를 흔들어 깨우며) **쉬 마려워.**

'뭐야, 아빠를 깨워도 되잖아….
졸린데….'

✗ NG

뭐가 무서워!

다 컸으니까 혼자서 갔다 와.

겁쟁이구나.

 Point

어른한테는 아무것도 아닌 일이라도 아이들은 진짜로 믿고 무서워하는 일도 있다. 그 생각을 우습게 보지 말 것. 다음 페이지에서 말하는 대처법은 사춘기 이후 아이가 막연한 불안감과 마주할 때도 응용할 수 있는 사고방식이다.

조언

마음을 부정하지 않는다. 공포·불안을 제거하도록 도와준다.

OK

1 어떤 일이 일어날 것 같아?

공포나 불안은 대상이 막연한 채로 있으면 대처 방안이 보이지 않고 한 층 더 커지기 쉽다. 이럴 때는 구체적으로 생각함으로써 대처 방안을 찾도록 도와주자.

2 그때는 어떻게 할 거야? 뭘 할 수 있을까?

그 자리에서 바로 할 대응은 아니지만, 시간이 있을 때 함께 구체적으로 생각해 본다.

아이의 난처한 언행 case 18
우물쭈물하며 대답하지 않는다

✗ NG

제대로 대답 좀 해, 창피하잖아.

다른 애들은 잘만 하던데, 왜 못해?

(엄마가 대신 다 대답해 버린다)

Point

성격을 파악하는 방법은 무수히 많다. 남과 잘 어울리지 못하는 아이는 가족을 향한 마음이 강한 아이라고도 한다. 부모가 인정하지 않는 아이의 성질은, 아이 자신도 받아들이기 힘들어진다. 아이의 마음속에 가치를 인정하는 말을 걸면 자립심도 자라므로 다른 아이와 비교하지 말고 좋은 면을 보고 키우자.

조언

우물쭈물하는 건지 조심스러운 건지, 긍정적으로 받아들이도록 노력한다.

> 끄덕이기만 해도 좋으니까 의사 표시는 하자.

우선은 '최소한…'의 형태로 대응한다. 어쩔 수 없이 엄마가 대신 대답하는 때도 있겠지만, 못하는 일을 다그치지는 말고 그때마다 대답할 기회를 계속 준다.

> 상대방도 대답이 안 들리면 서운해할지도 몰라.

상대방의 기분을 상상하게 하고, 본인 위주의 의사소통이 되지 않도록 조금씩 가르친다. 성격을 부정하지 않아도 가르칠 수는 있다.

아이의 난처한 언행 case 19
형제의 물건을 마음대로 쓴다

✗ NG

> 다 썼으면 오빠 몰래 제자리에 돌려놔.

> 네가 만지면 오빠가 엄마한테도 화내니까 하지 마!

> 오빠가 안 된다고 했잖아, 방에 왜 들어가?

Point

형제가 하는 일이나 물건에 흥미를 느끼기 마련이지만, 가족 간에도 사생활이 있다는 것을 알려 주자. 타인의 기분을 이해하고 존중하는 것, 자신의 호기심을 절제하는 것을 통해 아이 자신도 감정 통제력이 높아진다.

조언

가족이라도 상대방의 기분을 존중한다.

남의 물건을 말없이 사용해선 안 돼.

오빠가 자기 방에 마음대로 들어가지 말라고 했잖아.

상대방이 싫다고 한 건 하지 말자.

'당사자가 안 보고 있어도 해서는 안 된다', '다른 사람의 사생활을 지킨다' 등은 사회의 규칙이다. 가정은 아이가 처음으로 접하는 사회임을 꼭 기억한다.

남의 말을 무시하지 않는 것과 상대방의 입장에 서서 생각할 수 있는 훈련 중 1가지이다.

부모가 짜증을 느끼는 순위 5위

아이의 난처한 언행 case 20
목소리가 크다

 **NG**

- 시끄러!
- 쓸데없는 걸로 난리 치지 마!
- 창피하니까 그만해.

 Point

어릴 때 우는 일, 화내는 일이 허용되지 않았던 사람은 참을성 없는 아이에 대해 강한 화를 느끼는 경우가 있다. 또는 지금 눈물이 날 만큼 힘든데, 울 수 없는 나의 1차 감정이 넘쳐 나서 과잉 반응하는 경우도 있다.

조언

마음을 표현할 수 있다는 것은 신뢰의 증거!

무슨 일이야?
기분이 어떤지 말해 주면
이해할 수 있어.

1차 감정에 주목한 말을 건다. 우격다짐으로 울음을 그치게 하는 것은 정말 힘든 일이다. 공황 상태일 때는 진정될 때까지 껴안아 주자.

엄마 귀가 아파.

평소에 말로 전하는 것을 습관화하면 육아가 편해진다.

아이의 난처한 언행 case 21
변명을 한다

✗ NG

- 입만 열면 변명이야!
- 잔말 말고 들어.
- '다른 애들' 누구?

 Point

혼내는 방법에 따라서는 반발심이나 억울함을 부추겨서 핑계를 유도하게 될 때가 있다. 이때는 말을 바꿔서 아이가 깨달음이나 반성을 촉진하도록 접근하자. 몰아세우는 말을 하면 방어기제로 인해 핑계가 나오기 쉬워진다. 훈육의 기본② · ③ (70~73p)을 참고하자.

조언

핑계를 유도하지 않는 방법을 통해 핑계에 말려들지 않는다.

어떻게 하면 좋았을까? — 혼낼 때 다그치는 뉘앙스를 없애면 핑계가 줄어든다.

그건 그렇다 치고 중요한 일은…

그래, 알았어. 엄마가 하고 싶은 말은…

핑계와 대답에 말려들어 화를 내기 시작하면, 본래 하려던 말의 논점이 흐려진다. 이렇게 되는 일이 없도록 전하고 싶은 사실을 간추려 말한다.

아이의 난처한 언행 case 22
게임만 한다

✗ NG

적당히 좀 해!

아직도 해?

언제까지 할 거야?
거짓말만 늘어서는….

Point

시작이 중요하다. 사 줄 때 규칙을 정하는 것이 가장 중요하다. 규칙을 정했으면 이후에는 그것을 지키는 것을 가르친다. 지키지 않았을 때의 벌칙은 현실적인 것으로 정해 두고 확실하게 실행하자. 시간 관리와 규칙의 철저함을 아이의 의사에 맡기는 것은 힘든 일이다.

조언

경계선을 명확하게! 아이에게만 맡기지 말고 부모도 규칙에 민감해진다.

- 10분 있으면 약속한 시각이야.
- 9시가 되면 거실 충전기에 꽂아 둬.

부모의 경계선을 밀어붙이기만 해서는 지키기 힘들다. 서로 이야기를 나눠서 공유할 수 있는 규칙을 세운다.

약속을 지키는 의식은 부모야말로 강하게 가질 것. 지키지 못했을 때의 벌칙도 실행할 수 있는 현실적인 것으로 정해 놓는다.

아이의 난처한 언행 case 23
거짓말한다

 **NG**

> 부모를 속이려는 거야?

> 안 들킬 것으로 생각했나 봐?

> 거짓말을 하다니 최악이야.

 Point

너무 심하게 받아들여서 무조건 혼내지 말고, 행동 속에 숨어 있는 마음이나 사정을 우선 가려낸다. 악의의 유무 및 거짓말의 발단이 된 사건이 선한 사건인지 악한 사건인지에 따라 대응을 생각하자. 부모 중 한 사람이 호되게 혼낸 후에는 다른 한 사람은 감싸 주고 아이를 내치지 않도록 한다. 아이가 솔직하게 이야기한 후부터는 혼내는 것은 좋지 않다.

조언

성급하게 혼내지 않는다. '어떻게 해야 했는지' 본인이 생각하도록 유도한다.

어떻게 된 일인지 말해 봐.

다그치는 말투로 말하면 핑계를 대거나 더한 거짓말을 할 수도 있으므로 '솔직하게 말하면 용서받을 수도 있다'라는 태도로 말한다.

어떻게 하면 좋았을까?

문제를 공유하는 자세로, 아이가 스스로 생각하게끔 하는 것이 좋다.

아이의 난처한 언행 **case 24**

사과하지 않는다

 **NG**

- 왜 사과 안 해.
- 네가 잘못했잖아.
- 말대꾸하지 말고 빨리 사과해!

 **Point**

유죄인 듯 몰아세우면 사과하는 일에 저항을 느끼게 될 수 있다. 아이가 스스로 사과했을 때는 바로 받아들이고, 사과해 줘서 고맙다고 인정하며 설교도 거기에서 끝낸다. 이런 경험이 축적되면, 사과하면 관계가 회복된다는 것을 배운다.

조언

'미안해'는 지는 것이 아니다. 사과함으로써 관계가 회복되는 것을 학습시키자.

OK

1 그래, 일부러 한 건 아니구나.

바로 사과하지 못할 때는 아이의 마음에 공감해 주는 것도 전 단계에서 필요하다.

2 그래도 아프게 한 것에 대해서는 미안하다고 하자.

사과를 큰일로 인식하지 않도록, 사과하면 관계가 회복된다는 사실을 가르치자. "미안해"라고 말하는 것은 자신에게 '나쁜 아이'라는 꼬리표를 다는 것도 아니며 누가 나쁜지 판가름하는 것도 아님을 가르치자.

3 사과해 줘서 고마워. 엄마도 말이 지나쳤어. 미안해.

서로 사과하면 상황이 종료될 때가 있다. 사과하면 더는 왈가왈부하지 않는다.

부모가 짜증을 느끼는 순위 9위

아이의 난처한 언행 case 25
음식을 가지고 논다

 **NG**

> 그만해!

> 왜 항상 그러는 거야!

> 버르장머리 없게!
> 더러워지니까 그만해!

Point 화와 사귀는 단계 중 STEP 3의 ②(39p)에서 본 '허용 범위'를 넓히기 위해 할 수 있는 일을 생각한다. '어릴 때 거쳐 가는 단계'라고 생각하며 마음의 여유를 가지고, 어지럽혀도 괜찮은 환경을 만드는 것으로 대책을 세운다. 만약 식사 중 산만하게 논다면 벽을 보고 앉히는 등의 대처법도 효과가 있다.

조언

허용 범위를 넓히기 위한 환경을 만들자.

깨끗하게 먹을 수 있지? ← 일일이 화내지 않아도 되도록, 다소 어지럽혀도 괜찮은 세팅을 해 두면 도움이 된다.

주먹밥 속엔 뭐가 들었을까?

세어 줄 테니까 입속에서 20번 씹자.

← 아이가 '먹는' 행위에 관심을 가지도록 집중할 만한 말을 걸어 준다.

아이의 난처한 언행 case 26
목욕하기 싫어한다

✗ NG

- 빨리빨리 해!
- 어서 들어가라니까!
- 언제까지 장난칠 거야?

Point

행동을 일으키는 방법에는 위기감을 주는 방법과 기대감을 안겨 주는 방법이 있다. 그중 화내는 것은 위기감을 주는 방법으로, 확실히 일시적으로는 효과가 있다. 단, 익숙해지면 효과가 없어지므로 싫어하는 원인을 없애고 '즐겁다' 등 긍정적인 면을 통해 아이를 움직이는 방법을 생각하자.

조언

화내기보다는 문제가 무엇인지를 생각한다.

OK

> 이제 욕조에서 놀자.

목욕하는 것은 '즐거운 시간'이라는 인상을 심어 준다.

> 목욕의 어떤 점이 싫어? 목욕 끝나고 마시는 주스가 맛있는데.

목욕이 싫은 아이는 욕실이 춥거나 물이 싫거나, 또는 그 외 다른 여러 가지가 원인인 경우가 많다. 이것들을 배제한 환경을 만드는 것이 장기적으로는 가장 효과적이다. 무엇이 싫은지를 가려내자.

+ 효과적인 다른 방법 방수 스피커로 음악을 튼다, 입욕제를 함께 고른다, 드라이 중에만 게임을 허용한다 등

아이의 난처한 언행 case 27
헤어지면 운다

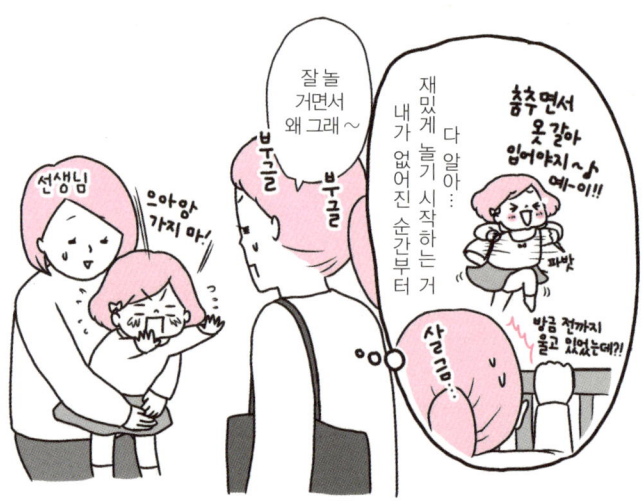

 NG

- 엄마 이제 가야 해!
- 괜찮아! 선생님도 계시고 친구들도 있잖아!
- 힘들게 하지 마.

 Point

억지로 보육원에 놓고 가려 하면 역효과를 가져올 수 있다. 부모의 의식이 다음 일정(아이 이외의 일)을 향하면 향할수록 아이의 1차 감정을 자극하고 만다. 부모가 초조함을 나타내는 것은 아이의 불안감을 부채질하는 격이므로 다음 행동을 의식하기 전에 눈앞의 아이를 보자.

조언

아이의 마음에
다가가 붙는 말을 건다.

엄마도 보고 싶은데 꾹 참고 이따가 올게.	불안한 마음을 공유하고 경감시켜 준다.
잘 놀고 이따가 엄마한테 얘기해 줘.	엄마한테 보고하는 것을 의식하게 함으로써 떨어져 있는 동안에도 엄마를 느낄 수 있는 효과가 있다.
어떻게 하면 웃으면서 헤어질 수 있을까?	마음을 받아들이고 어떻게 하면 진정할 수 있을지 아이에게 물어본다. 재촉해도 답은 빨리 나오지 않으므로 침착할 때 이야기를 꺼내자.

아이의 난처한 언행 case 28

학교에서 받은 가정통신문을 안 준다

학교에서 전화가 왔다.
아이는 잘 있는데
무슨 일이라도 있었던 걸까….

> 그, 지난주가 제출 기한이었던 조사 카드를 아직 안 냈더라고요.

> 그래요? 조사 카드…. 아이한테 물어볼게요. 죄송합니다.

 **NG**

- 매일 물어보는데 왜 안 내는 거야?
- 너 때문에 선생님께 주의받았잖아!
- 이제 네가 알아서 해!

 Point

잘하는 날이 있으면 못하는 날도 있다. 이상적인 상태까지 한달음에 도달할 수는 없으므로 반복해서 말하기와 그 외의 대응책을 통해 잘 해내는 날을 조금씩 늘려 가자. 화와 사귀는 단계 중 STEP 3의 3가지 영역(38p)을 떠올리며 중심에 다가갈 일을 생각하자.

조언

한 걸음씩
세 영역의 중심을 향해
다가가게 한다.

오늘 가정통신문 있으면 꺼내 놔.

생각나면 몇 번이고 단도직입적으로 말하자. 습관이 되도록 최대한 여러 가지 방법을 써 보자.

가방 속의 내용물은 매일 한 번씩 꺼내고 그 다음에 다음 날 준비물을 넣는 거야.

위에서 점점 쑤셔 넣기만 하면 가방 속이 엉망이 된다. 정리해 주고 싶어지더라도 눈을 꼭 감고 본인이 직접 하는 습관을 길러 주자.

+ 효과적인 다른 방법 서로 잊지 않도록 전용 상자를 두거나, 가방을 두는 곳 또는 시간표 앞에 적어 둔다 등

부모가 짜증을 느끼는 순위 10위

아이의 난처한 언행 case 29
집에 있는 물건을 더럽힌다

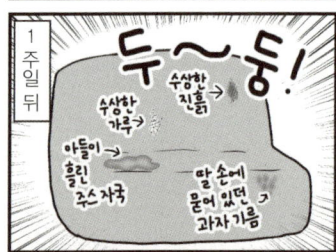

 **NG**

> 어차피 그럴 줄 알았어!

> 또 흘리겠어! 그만해!

> 여러 번 말했잖아!

 Point

어른은 예상할 수 있는 실수라고 하더라도 아이 본인은 '할 수 있다'라고 근거 없이 믿는다. 이때는 그 '할 수 있다'라고 믿는 마음을 부정하지 않는 것이 중요하다. 할 수 없다고 단정 짓는 것이 아니라 '조심하면 실수 없이 할 수 있다'라는 자세로 대한다.

조언

혼내기보다
"할 수 있게 될 거야"라고
말해 준다.

컵에 가득 채우면 쏟기 쉬워져. — 무엇을 조심해야 하는지 구체적으로 말한다.

하나씩 신중하게 하자. — 할 수 있게 될 것이라고 응원하는 자세를 기억한다.

조금만 더 조심하면 좋았겠다. — 실수를 한 후에는 무엇을 잘못했는지 따지지 않고 말한다. 무슨 일이든지 아이가 자신감을 잃지 않도록 말한다.

> 부모가 짜증을 느끼는 순위 **3위**

아이의 난처한 언행 case 30
준비하는 데 시간이 오래 걸린다

✕ NG

- 빨리 좀 해!
- 매일 아침마다 말하는데 못 알아듣겠어?
- 아직도 안 갈아입었어?

Point

눈에 보이지 않는 시간의 흐름을 아이가 의식하게 만드는 일은 어렵다. 이때는 짜증 내지 않는 것이 지치지 않고 착실하게 재촉하는 요령이다. '차 내비게이션'이 된 것 마냥, 다그치거나 위협하거나 핀잔을 주지 말고 착실하게 제시간에 가도록 재촉해 보자.

조언

'알고 있다'와 '할 수 있다'는 다르다. 아이는 알고 있음에도 못하는 것이기에 구체적인 행동을 말해 준다.

얼굴 씻으면 옷 갈아입어.

잠에서 덜 깼어도 움직일 수 있게끔 구체적으로 지시한다. 제대로 행동할 때까지 계속 말한다. 게임처럼 느끼도록 게임 요소를 추가하는 것도 좋다.

이를 꼼꼼하게 잘 닦았구나. 아침에는 속도를 올려 보자.

밤에는 바람직한 일이라도 아침에는 시간 단축이 우선이라는 것을 설명해 둔다. 잘 해내면 칭찬하는 것을 잊지 않는다.

+ 효과적인 다른 방법 시계에 스티커를 붙여 놓거나, 할 일과 시계 그림을 벽에 붙여 놓는 등의 방법들을 통해 할 일을 가시화하는 것도 하나의 방법이다.

아이의 난처한 언행 case 31
친구에게 심술을 부린다

같은 반 친구와 성격이 안 맞는지,
친구가 말을 걸어도 안 들리는 척을 하거나
어디론가 가 버립니다.

뭐야 뭐야? 나도 알려 줘.

맞다! 밖에서 공놀이하자!

그거 좋겠네! 가자! 가자!

✗ NG

너 왜 그렇게 못됐니?

나빴다.

심술부리진 않았겠지?

 Point

아이가 심술을 부릴 때는 아이의 마음에 충족되지 않은 일들이 많아서이다. 우선 아이 자신의 마음부터 충족시킬 생각을 하자. 아이의 감정과 행동을 구분해서 생각하면 개선책이 보이기 시작한다.

조언

우선은 아이의 1차 감정에 눈을 돌리자. 혼내는 것은 행동만.

1 어떤 마음이었어?

1차 감정을 물어본 뒤, 일단 비판하지 말고 받아들인다. 마음을 이해해 주는 것만으로도 조금 진정된다.

2 마음은 알았어. 하지만 그 행동은 좋지 않았구나. 사과하러 가자.

그렇다고 해서 짓궂은 행동이 정당화되지는 않는다는 사실을 전한다.

아이의 난처한 언행 *case 32*
말은 안 하고 떼만 쓴다

 NG

- 어휴, 뭐가 마음에 안 드는 거야?
- 빨리 말해.
- 떼쓰지 마.

 Point

말을 배우는 과정에 있어서 부모의 도움은 절대적이다. 아이는 스스로 표현할 수 없는 그 마음을, 부모가 추측으로라도 대변해 줌으로써 '마음의 이름'을 학습해 나간다. 마음에 이름이 생기는 것으로도 아이는 답답함에서 벗어날 수 있으며, 말로 전한다는 수단을 익힌다.

조언

말이 안 나올 때는 당황하지 말고 마음을 대변해 주자.

깜짝 놀랐구나.

힘들구나.

→ 아이와 덩달아 짜증 내지 말고, 마음을 대변해 주도록 노력하자.

슬픈 걸까?
서운한 걸까?

→ 1차 감정에 주목하는 말을 하자. 습관이 되면 아이와의 커뮤니케이션이 편해진다.

말이 안 나와서
답답하구나.

→ 정확하게 대변할 수 없어도 계속 이어서 말해 주자.

아이의 난처한 언행 case 33

학교·유치원에 안 가고 싶어 한다

모처럼 입학한 유치원.
이제까지 바깥 놀이를 싫어한 적이 없었는데,
가기 싫어한다.

이제 곧 유치원 버스 오겠어. 서둘러.

(훌쩍 훌쩍) 오늘은 안 갈래.

✗ NG

응석 부리지 마.

가면 재밌을 거야!

돈 냈으니까 가야 해.

Point

입학은 아이에게 있어서 이제까지 익숙했던 생활의 끝이므로 불안감이 큰 것은 당연하다. 단순히 가기 싫어하는 행동만을 바꾸려 하지 말고 빙산 밑에 있는 1차 감정(26~29p)에 대처하자. 부모가 마음을 이해해 주는 것만으로도 차분해질 때가 있다.

조언

수면 밑에 있는 마음에 주목하자.

학교에서 어떤 일이 즐거웠어?

어떨 때 집에 오고 싶어져?

있었던 일에 대해 잘 설명을 못할 때는 어떤 마음이 들었는지를 묻는 것만으로도 충분하다. 여기에서부터 이야기가 풍부해지는 경우도 있다.

이따가 얘기해 줘.

아이가 교육 기관에 있는 시간에 관심을 두도록 한다. 필요하다면 선생님과 상담을 하자.

아이의 난처한 언행 case 34

주위를 살피지 않고 뛰쳐나간다

주차장에서 일어나는 사고가 잦다고 익히 들었으므로
평소에 주의하고 있지만,
오늘도 쇼핑몰에 도착하자마자….

도착했어? 장난감! 장난감!
(말하며 뛰쳐나가려 한다)

기다려!

✕ NG

뛰쳐나가지 마!

차 문, 벽에 부딪히지 마.

왜 몰라?

Point

위험한 일, 공공 예절을 거스르는 나쁜 행동은 '못하게 해야 할 행동'이므로 그 자리에서 바로 혼낸다. 이때는 반드시 그 행동을 그만두는 기준이 '혼나기 때문'이 아니라 '위험하기 때문'임이 명확해지도록, 아이 스스로 상상하게끔 질문을 하며 말하자.

조언

'혼나니까 그만두자'가 아닌 '위험하니까 그만두자'.

뒤에서 차가 오고 있었으면 어떻게 됐을까? — 자신의 행동 끝에 어떤 일이 벌어질지 생각하게 하는 말을 한다. 혼나는 기준은 명확하게 전한다.

문은 엄마가 열어 줄 때까지 기다려. — 언제까지 기다려야 하는지를 명확하게 한다. 구체적으로 어떻게 해야 하는지를 지시한다.

차에서 내릴 때는 주위를 잘 살펴야 해. — 한 번 이해했어도 금방 잊어버리는 경우도 고려하여, 매번 반복해서 할 수 있게 될 때까지 계속 말한다.

아이의 난처한 언행 case 35
집단행동을 못한다

✖ NG

- 이래선 데리고 온 의미가 없잖아.
- 친화력이 너무 없네! 사이좋게 좀 지내.
- 왜 안 놀아?

Point

아이는 각각 성격과 발달 속도가 다르므로 혼자 놀아도 충분히 즐거울 수 있으며 이런 모습을 보고 친화력이 없다고 단정 지을 수는 없다. 훈육의 기준이 엄마(부모)의 '만족도'가 되지 않도록 하자.

조언

자신이 생각하는 '이상적인 아이의 모습'을 훈육의 기준으로 삼지 않는다.

○○는 집중력이 좋구나. — 혼자서 계속 놀 수 있는 것은 집중력이 있다는 증거이다. 또한 친구와 놀지 않는 것은 자립성이 있다는 증거일 수 있다.

다 함께 놀아 볼까? — 혼자 놀던 도중에 적절한 타이밍을 찾아서 말을 걸어 보자.

다 같이 뭘 할까? — 놀이에 참여할 타이밍을 못 찾을 때는 함께 자리에 가서 도와준다.

아이의 난처한 언행 case 36
똑같은 옷만 고집한다

✕ NG

- 또 그거 입을 거야? 매일 똑같잖아.
- 엄마가 옷을 안 사 주는 것 같잖아.
- 별로 안 멋진데?

 Point

아이에게 자신의 취향이나 이상, 또는 '핵심 신념'을 강요하려는 것일 수도 있다. 아이를 지배하려고 할수록 아이에 대한 화가 커진다. 절대로 양보해서는 안 될 것과 될 것을 구별하여 아이의 선택을 존중하자.

조언

양보할 수 있는 부분은 아이의 선택을 존중한다.

땀을 흘리면 냄새가 나거든. 빨면 다시 입을 수 있어.

오늘은 단정하게 입고 가야 하니까 이걸 입어.

위생 관리를 가르치는 것은 필요한 일이다. 다만 지나치게 강제성이 드러나도록 말하지는 않는다.

갖춰 입어야 할 때는 이유를 확실히 전달한다. 그래도 잘 안 될 때는 조금 볼품이 없다고 하더라도 아이가 입고 싶어 하는 옷 위에 단정한 옷을 입히는 등의 방법을 고안해서 헤쳐 나가자.

아이의 난처한 언행 case 37
덜렁댄다

저녁 식사를 준비하고 상을 차린다.
아직 놀고 있는 아이들을 불러서
상차림을 도우라고 했다.

 조심해.

알아요.
(곧이어 균형을 잃으며 접시를 떨어뜨린다)

✕ NG

- 음식을 바닥에 버리면 어떡하니!
- 조심해야지! 왜 이렇게 덜렁대니!
- 다 망쳤잖아.

 Point

'훈육의 기본' ㉮(80p)을 참고하여 아이의 상태를 분별한다. 본인도 실수했다고 여기는 일에 대해서는 '돌이킬 수 없는 일'로 삼지 말고 만회 및 사죄할 기회를 주자. 잘못을 빌고 용서받은 경험은 아이가 장래에 남을 용서하는 경험으로 이어진다.

조언

몰아세우지 않는다.
다만 만회할 기회를 주자.

걸레를 가져와 줘. 정리하자.
→ 스스로 부주의했다는 것에 대해 충분히 이해하고 반성하는 기미가 보인다면 더 혼낼 필요는 없다.

오늘은 조심하지 않았네.
→ 똑 부러진 대응으로 긴장감을 주면 그걸로 충분하다. 오히려 반성하고 있다는 점을 이해하는 자세로 아이를 대하자.

아이의 난처한 언행 case 38

부모의 안색을 살핀다

이걸 잘 해내야
착한 아이지.

핑계 좀 그만 대.
결과가 전부야.

 Point

무의식 중에 아이를 평가하듯이 대해 왔다는 사실을 깨닫게 되는 순간이다. 부모의 애정은 노력으로 얻게 되는 것이 아니며, 이상적인 모습을 짊어지게 하는 것도 아니다. 어린 시절에는 결과뿐 아니라 과정을 중시하자.

조언

조건을 건 애정으로
아이를 위축시키지 않는다.

OK

| 열심히 하고 있구나.
엄마가 다 보고 있어. | 보고 인정해 주는 존재가 있다는 것은 아이에게 동기 부여가 된다. |

| 오늘은 아쉽지만,
다음번엔 잘 되면 좋겠다. | 목표를 달성했든 못했든, 결과뿐 아니라 과정을 인정하자. 평가보다도 응원하는 자세를 갖추도록 한다. |

따끔하게 혼내기의
장점과 단점

	장점	단점
 혼낸다	• 규칙을 이해시킬 수 있다. • 아이의 훈육에 효과적이다. • 부모의 책임을 다할 수 있다. • 얼마나 진지한지가 전달된다. • 위기감을 느끼게 할 수 있다.	• 지친다. • 어색해질 때가 있다. • 아이가 위축된다. • 악역을 맡는 심리적 부담이 괴롭다. • 혼내는 방법이 어렵고 고민된다. • 혼내는 방법에 대한 정답이 보이지 않는다.
안 혼낸다	• 서로의 기분이 흐트러지지 않는다. • 부모가 너그러워질 수 있다. • 착한 부모가 될 수 있다. • 피곤하지 않다.	• 아이가 잘못을 깨닫지 못한다. • 훈육이 제대로 되지 않는다. • 여러 가지 일들이 애매해진다. • 위기감과 긴장감을 느끼게 할 수 없다.

④ 육아를 둘러싼 주위 어른과의 충돌

육아 중에는 자신과 같은 입장에서 협력하며 육아를 해야 할 입장인 주위 어른들의 언행에 짜증이 날 때도 있겠지요. 여기에서는 이와 같은 화를 느꼈을 때의 대처법을, 화와 사귀기 위한 단계 중 STEP 4(40p)에 비추어 보며 생각하고 구체적인 상황을 통해 확인해 나갑니다.

해결책을 찾자

화난 일뿐 아니라 난처한 일, 스트레스의 원인이 되는 일에 대한 대응에도 쓸 수 있는 것이 다음 방법입니다.

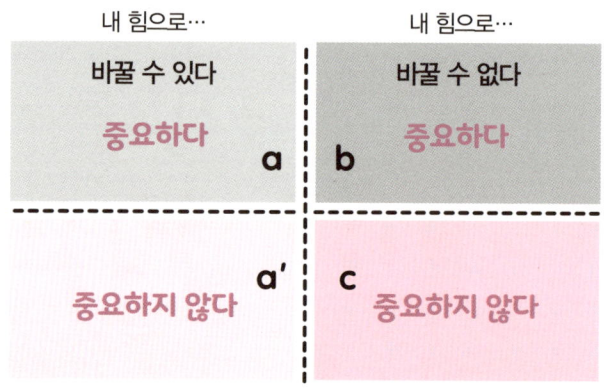

'화와 사귀기 위한 4단계' 중 STEP 4(40p)에 따른 현실적인 해결책을 166~169p에서 소개하는 2가지 예를 통해 생각해 봅시다.

STEP 4에서 제시한 생각의 축은 2가지였죠.

- 내 힘으로 바꿀 수 있는지 없는지
- 나(의 인생)에게 있어서 중요한지 아닌지

어느 칸이 정답이고 오답이라고 정해진 것은 없습니다. 내 마음이 가는 대로 생각합니다.

⟨case 39 남편이 아이에게 엄마 흉을 본다(166~167p)의 경우⟩

가족의 일이기도 하고 아이에게도 영향이 크므로 '중요하다'라고 생각하는 사람이 많겠지요.

a '중요하다 + 바꿀 수 있다'(바뀌지 않으면 곤란하다)라고 생각한다면

지금 당장 행동하세요

얼마나 바꾸고 싶은지?	→ 허용 가능 범위를 생각한다.
언제까지 바꾸고 싶은지?	→ 대략의 기한을 설정한다.
어떻게 전달할지?	→ 말해 봤자 화만 낼뿐 변하지 않는다면 다른 효과적인 접근을 생각한다.

구체적인 해결책은 166~167p에서 살펴봅시다. 단, 목표 기한이 돼도 전혀 변화가 없다면 다른 방법을 생각합니다.

b '중요하다 + 바꿀 수 없다'(말해도 소용없다)라고 생각한다면

받아들인 후 할 수 있는 일을 찾는다. 대안을 찾는다.

예) 남편의 흉에도 무너지지 않는, 엄마로서의 신뢰를 쟁취한다.

c '중요하지 않다 + 바꿀 수 없다'라고 여긴다면 '내버려 둔다'라는 선택지도 있습니다(다음 페이지 참고).

163

〈case 40 같은 반 학부모가 아이 앞에서 선생님을 비판한다 (168~169p)의 경우〉

여기에서도 생각의 축은 2가지로 나눌 수 있습니다.

- 내 힘으로 바꿀 수 있는지 없는지
- 내(의 인생)에게 있어서 중요한지 아닌지

이 상황에서는 자신의 가치관이나 성격에 따라 어느 칸에 넣을지가 나눠질 것 같습니다. 어디에 넣든 틀린 것은 아니며, 해결 방법은 자신이 어떻게 하고 싶은지와 어떻게 생각하는지에 따라 달라집니다.

'나 자신과 더불어 주변 사람에게도, 또 장기적으로 봤을 때도 건강하고 행복한지'를 기준으로 판단할 수 있게 되면 더욱 좋겠지요.

	내 힘으로… 바꿀 수 있다	내 힘으로… 바꿀 수 없다
중요하다	a	b
중요하지 않다	a'	c

a '바꿀 수 있다'라고 생각한다면 168~169p를 참고하여 생각해 나갑시다. a'의 경우에는 느긋하게, 여력이 있을 때 작업합니다.

　'남의 일이고 그렇게까지 간섭하고 싶지 않다' 등의 생각이 들며, '바꿀 수 없다'(안 바뀌어도 어쩔 수 없다)라고 여겨진다면, 나에게 있어 중요한지 중요하지 않은지로 판단합니다.

b '바꿀 수 없다 + 중요하다'라면 이거였죠.

```
┌ ─ ─ ─ ─ ─ ─ ─ ─ ─ ─ ─ ─ ─ ─ ─ ─ ─ ─ ┐
         받아들인 후 할 수 있는 일을 찾는다.
                  대안을 찾는다.
└ ─ ─ ─ ─ ─ ─ ─ ─ ─ ─ ─ ─ ─ ─ ─ ─ ─ ─ ┘
```

　예) 여러 가지 의견이 있지만, 선생님은 좋은 선생님이라고 아이에게 말해 둔다 등

　한편, '그다지 친하지 않다' 등의 생각이 들며

c '바꿀 수 없다 + 중요하지 않다'라고 여겨진다면 아래처럼 행동하면 됩니다.

```
┌ ─ ─ ─ ─ ─ ─ ─ ─ ─ ─ ─ ─ ─ ─ ─ ─ ─ ─ ┐
          내버려 둔다. 신경 쓰지 않는다.
             관여하지 않는다고 결정한다.
└ ─ ─ ─ ─ ─ ─ ─ ─ ─ ─ ─ ─ ─ ─ ─ ─ ─ ─ ┘
```

　계속해서 주변 어른들과의 충돌이 스트레스가 되는 경우를 살펴봅시다.

어른의 곤란한 언행 case 39

남편이 아이에게 엄마 흉을 본다

낮에 남편에게 아이를 맡기고 나갔다 온 날 밤.
다 같이 식사를 하고 있는데
아이가 입을 열었다.

엄마, 오늘 아빠가 그러는데
엄마는 잔소리가 심하대.

정말?

✘ NG

뭐라는 거야?

당신이 말 안 하니까
내가 엄격해지는 거잖아!

나도 당신 흉볼 거야.

Point

나의 발언이 앞으로 아이에게 어떤 영향을 미칠지, 남편이 상상하게끔 하는 것이 지름길이다. 나 자신의 화는 일단 가라앉히고 시점을 미래로 두어, 남편의 태도가 어느 정도 바뀌어야 내가 받아들일 수 있을지, 그러려면 어떻게 접근해야 달라질지에 의식을 집중하자.

조언

(바꿀 수 있다)

'최소한' 아이 앞에서만이라도 나를 경시하는 발언을 하지 못하게 한다.

남편에게

OK

(바꿀 수 있다)

1 당신의 말을 이용해서 "엄마는 너무 잔소리가 심해" 라며 내 말을 안 들어.

아빠가 엄마를 얕보거나 흉을 보면, 아이는 상처를 받거나 역으로 함께 깔보는 경우가 있다. 그 결과 육아가 힘들어졌다고 직설적으로 표현해 보자.

2 그러니까 애 앞에서 내 흉을 보지 마.

3 나는 아이들에게 평소에 "아빠한테 감사하자"라고 말해.

열을 받았어도 화내면서 말하면 효과가 좋지 않다. 비난하는 듯한 뉘앙스를 배제하며 개선에 의의를 두고 말한다.

어른의 곤란한 언행 case 40

같은 반 학부모가 아이 앞에서 선생님을 비판한다

아이를 데리고 장을 보고 있는데,
같은 반 친구 엄마를 마주쳤다.

선생님이 분량을 생각하지 않고 숙제를 너무 많이 내시네요. 우리 애는 학원 숙제도 있어서 힘든데 말이에요.

아, 네.

✕ NG

> 그 선생님께 배우는 아이들이 불쌍하네요!

> 그렇네요…, 선생님이 너무하셨네요(동조한다).

> (나중에 아이에게) ○○네 엄마 무섭다.

  Point

그 상황을 바꿀지 말지는 '내 마음에 따라' 정한다. 관여하지 않아도 된다고 판단해도 좋고, '좋지 않다', '앞으로도 만나야 하니 지속되면 곤란하다'라고 판단한다면 바꾸기 위한 노력을 하자. 어느 쪽을 선택하든 자유이다.

조언

바꿀 수 있다

'최소한' 아이에게 들리게 말하는 것만이라도 못하게 한다.

학부모에게

바꿀 수 있다

아이가 불안해하니까 아이가 못 듣는 곳에서 우리끼리 이야기해요.

상대방에게 악의가 있다거나 배려가 깊지 못하다는 생각을 갖지 않고 대처한다.

OK

바꿀 수 없다

어떻게 하면 좋을까요.

b(바꿀 수 없다 + 중요하다)라고 판단했다면 주목할 것은 아이의 환경이다. 또한, 흉보기에 말려들지 않도록 화제를 돌리자.

어른의 곤란한 언행 case 41
남편이 육아에 비협조적이다

항상 늦게 귀가하는 남편이 휴일에
집에서 느긋하게 TV를 보고 있다.
가사를 하는 동안 아이들을 돌봐 줬으면 하는데….

> 이제 장 보러 갈 건데 집에서
> 아이들 좀 보고 있어 줄래?

> 음, 아이들도 데려가….

✗ NG

당신은 편해서 좋겠네.

부모라고 생각하고는 있어?

왜 나만 이렇게 힘들어야 해?

  Point

아내가 느끼는 남편의 가사·육아의 비율과 남편 스스로 생각하는 비율에는 커다란 차이가 있다. 잘하고 있는 줄 아는 사람에게 싫은 소리를 해 봤자 의욕만 꺾을 뿐이다. 이때는 구체적이면서 직설적인 표현으로 말하되 나 전달법을 이용해 말하면 더욱 효과적이다.

조언

> 바꿀 수 있다

'말하면 해 준다'라면 괜찮다.

> 바꿀 수 없다

혼자 하되 다른 부분에서 도움을 받는다.

남편에게 OK

> 바꿀 수 있다

> 항상 고마워.
> 이것도 부탁해도 될까?

← 구체적이면서도 직설적으로 말한다. '말하지 않아도 해 준다(이상)'에서 '말하면 해 준다(허용 범위 내)'로 기준을 낮춤으로써 결과적으로 좋은 흐름이 생긴다.

> 항상 혼자서
> 다 하니까 불안해.

← 나 전달법으로 내가 어떻게 느끼는지를 솔직하게 전한다. 비난하는 뉘앙스를 빼고 말하는 것이 포인트이다.

어른의 곤란한 언행 *case 42*

시어머니가 맞벌이하는 집 아이는 불쌍하다고 말한다

시어머니가 집에 오신 날. 서둘러 어린이집에 있는 둘째를 데리러 가고, 첫째가 기다리는 집으로 귀가하자 정신없이 TV를 보는 아이의 모습을 보며 시어머니가 말씀하신다.

> 집에 오는 시간이 늦네.
> 아이는 혼자 노는 게 몸에 밴 모양이구나.

> 네….

> 엄마가 집에 없으니까 그렇지.
> 맞벌이라니, 아이들이 불쌍해.

  Point

> 아이들은 어린이집에서 즐겁게 잘 지내요.

> 간섭이 지나치시네요. 저희 부부 둘이서 결정한 일이에요.

> 옛날하고는 다르거든요.

불쌍한지 안 불쌍한지는 시어머니가 멋대로 그렇게 믿고 있을 뿐, 사실이라고 할 수 없다. 하지만 그것을 입 밖으로 표현하면 날카로워지므로 자신의 생각은 확고하더라도 대응은 부드럽게 한다. '핵심 신념'이 사람마다 가지각색인 것은 자연스러운 일이다. 의견이 달라도 적의는 갖지 않도록 하자.

조언

> 중요하다

이해를 돕기 위한 노력을 한다.

> 중요하지 않다

신경 쓰지 않고 받아넘긴다.

시어머니께
OK

> 중요하다

어머니께서 계셔서 든든해요.

시어머니의 위신을 세워 주면서 협력을 부탁하기 좋은 관계를 만든다. 의견의 차이, 지금과 옛날의 차이를 말하면 상대방을 부정하는 모양새가 될 수 있으므로 조심하자.

> 중요하지 않다

아이가 즐겁게 잘 지내 줘서 다행이에요.

시어머니의 의견에 대해서는 긍정도 부정도 하지 않는다. 말대답을 하거나 악의를 갖고 말하는 거라고 시어머니가 여기지 않도록 한다.

어른의 곤란한 언행 **case 43**

다른 아기 엄마가 우리 아기의 성장이 늦다고 지적한다

문화 센터에서 만난 또래 아기를 가진 아기 엄마.
뒤집었다, 앉았다는 이야기를 하며 서로 기뻐하고 있었는데….

잘 기네요.
근데 아직 안 걸어요?

네?

✗ NG

뭐야, 자기 아기가 좀 빠르다고 잘난 척하는 거야?

네…, 아직…(걱정한다).

(아기에게 화풀이한다)
어서 걸어 봐! 자!

 Point

육아를 처음 할 때는 아무래도 다른 아이들과 많이 비교하게 된다. 그만큼 남의 말에 휘둘리고는 한다. 그러나 성장 속도는 모두 다르며, 빠르다고 꼭 좋은 것만은 아니다. 다른 아이와 비교를 하는 대신 그 아이의 과거와 지금을 비교하자.

조언

바꿀 수 없다 + 중요하지 않다

걱정해도 성장은 빨라지지 않는다.

다른 아기 엄마에게

OK

네 아직이에요.

→ 말의 속뜻을 생각하거나 지나친 의미 부여는 하지 말고, 사실만으로 대답하자.

너무 늦을 것 같으면 소아청소년과 선생님과 이야기해 볼게요. 걱정 안 하셔도 돼요.

→ 상대방의 발언 때문에 고민이 된다면 '걱정할 필요 없다'라며 거리를 두자.

어른의 곤란한 언행 case 44

남편이 TV를 켜 놓은 채로 소파에서 잔다

아이와 함께 목욕을 마치고 나오자
남편이 TV를 켜놓은 채로
소파에서 졸고 있다.

앗, 아빠 오셨네.

아빠는 저렇게 TV를 계속
켜 놓으셔도 되는 거야?

✗ NG

아빠는 덜렁이라니까.

너도 아빠 닮아 그러니?

○○는 아빠 안 닮아서
참 착하네.

Point

아이 앞에서는 아빠의 위신을 세워 준다. 가족을 배려하고 서로 존중하는 자세를 잊지 않도록 한다. 아빠의 존재는 아이들의 미래에 영향을 많이 미친다. 아이가 부모를 경시하는 관계를 만들면 육아가 힘들어지는 데다가, 그 자세는 결국 나에게도 돌아온다.

조언

바꿀 수 있다

직접 남편에게 말한다. 단, 아이를 이용해서 말하지 않는다.

바꿀 수 없다

아이에게 불만을 불어넣지 않는다.

아이에게 OK

바꿀 수 없다

- 아빠가 열심히 일하시느라 피곤하셨나 봐. ← 아빠를 감싸 주는 자세로 말한다.
- 소파에서 자지 말고 침대로 가서 자렴. ← 아이가 따라 했어도 아이에게 담담히 지시만 전한다.

＋ 효과적인 다른 방법 아이가 "왜 아빠는 해도 돼?"라고 물으면 "아빠도 침대에서 자는 게 더 편할 텐데" 정도로 받아넘기자.

어른의 곤란한 언행 case 45

시어머니가 응석을 받아 줘서 아이가 말을 안 듣는다

아이들이 시댁에 놀러 갔다 왔다.
응석을 죄다 받아 주신 것 같지만 집에서는 나름 엄하게 훈육하고 있다.

> 할머니 집에선 주스 마셔도 되는데.

> 밥 먹을 때 TV 봐도 됐는데.

✕ NG

> (시어머니께) 오냐오냐하고 다 받아 주지 마세요!

> (아이에게) 그럼 할머니 집 가서 살아!

> (아이에게) 우리 집 규칙을 못 지키겠다면 엄마도 이젠 몰라.

  **Point**

나의 눈이 닿지 않는 시간까지 아이들을 통제하는 것은 불가능하다. 할머니와 지내는 시간에는, 내 규칙과 달라도 할머니에게 맡겨 버리는 편이 낫다. 그래도 계속 불쾌하다면 '핵심 신념'을 유연하게(57p) 하여 사고방식을 유연하게 고쳐 보자.

조언

> 바꿀 수 있다

우리 집의 허용 범위를 전달해 둔다.

> 바꿀 수 없다

시어머니에게 대항하지 말고, 나를 향한 공격으로 여기지 않는다.

시어머니께 > 바꿀 수 있다

"저희는 엄하게 가르치고 있으니까요, '오늘은 특별히 되는 것'이라고 말씀해 주세요."

→ 할머니와의 시간이 집에서의 규칙과 다르다는 점, 예외라는 사실을 은연중에 전한다.

아이에게 > 바꿀 수 없다

"할머니는 너희가 귀여워서 응석을 받아 주시는 거야."

→ 손자를 기쁘게 해 주려는 시어머니의 위신을 세워 주면서, 아이의 버릇이 나빠지지 않도록 분명히 말해 둔다.

어른의 곤란한 언행 *case 46*

이웃 엄마들이 아이에게 이것저것 물어본다

집에 온 아이가 남의 말을 하기 좋아하고 입이 가벼운 학부모와 이야기를 나누고 왔다고 보고했다. 아이는 별생각 없이 수다를 떨고 온 모양이다.

오늘 ○○네 엄마 만났어.

그래?

엄마가 무슨 일 하시는지, 휴일에는 뭘 하는지 이것저것 물어보셨어.

 NG

쓸데없는 말 하면 안 돼.

그 아줌마한테 왜 얘기해? 그 사람 성격 나쁘단 말이야.

질문에 다 대답 안 해도 돼. 너는 입이 참 가볍다니까….

 Point

남의 말을 하기 좋아하는 사람은 어디에든지 있다. 내가 조심해도 아이는 이야기해도 괜찮은 것과 그렇지 않은 것에 대한 판단을 못하므로 대답해 버리는 경우가 많다. "그 사람한테는 이야기하지 마"라고 하면 문제가 될 수 있으므로 부모에게도 사생활이 있다는 것을 알려 주자.

조언

바꿀 수 없다 + 중요하다

아이에게 대책을 알려 준다.

중요하지 않다

신경 쓰지 않고 내버려 둔다.

아이에게 OK

중요하다

> 너도 엄마가 막 네 얘기를 하면 싫지? 엄마도 그래.

대상이 누구이든 간에 멋대로 부모 이야기를 하는 것은 싫다고 전달해 두자. 아이들은 세세한 판단을 할 수 없다.

> 엄마 아빠에게는 무엇이든지 이야기해 줘야 하지만 다른 사람에게도 그래야 하는 것은 아니야.

"'엄마 아빠에게는 아무것도 감추지 말아라', '거짓말하지 말아라'라고 하면서…."라고 의문을 품을 수도 있다. 하지만 타인과 가족은 다르다는 점, 다른 사람과의 관계에서는 서로의 사생활을 존중하고 일정한 거리 및 절도를 지킬 필요가 있다는 점을 조금씩 가르치자.

어른의 곤란한 언행 case 47

배우자와 교육 방침의 차이로 충돌한다

학원의 소책자를 보고 있는데 남편이 집에 왔다.
식탁 위의 소책자를 본 남편이 한마디를 한다.

> 아직 한창 놀 때인데 학원 보내기엔 너무 이른 거 아냐?

> 생활 리듬도 생기고, 주 2회인데….

> 이 연령대에는 친구랑 노는 게 더 중요해.

 NG

> 간섭하지 마. 평소에 육아는 전혀 안 하면서.

> 학원 안 보내는 사람은 우리밖에 없어!

> 그럼 당신이 다 해.

  Point

부부라도 육아에 있어서 '핵심 신념'이 다른 경우는 흔히 있다. 그러나 부모가 서로 하는 말이 다르면, 아이가 둘 사이에서 갈팡질팡하게 될 수도 있다. 화와 사귀기 위한 4단계(36p~)에 따라 서로 '핵심 신념'을 조정하자. 서로 양보할 수 있는 부분은 어디일까?

조언

〔바꿀 수 있다〕

불규칙한 방침은 아이에게 혼란을 준다. '핵심 신념'을 조정하자.

〔바꿀 수 없다〕

그 속에서 할 수 있는 일을 찾는다.

❶ 가장 중요하게 여기는 게 뭐야?

생각이 다른 것은 당연한 일이다. 상대방의 '핵심 신념'은 부정하지 않는다.

❷ 당신은 그렇게 생각하는구나. 나는 이렇게 생각해. 어떻게 하는 게 좋을까?

절충안을 찾는 노력을 하자. 양보할 수 없는 점과 양보할 수 있는 점을 이야기하고, 서로 허용 범위(38p)의 ②를 조금 넓히자.

어른의 곤란한 언행 case 48

내가 아이에게 심한 말을 하고 말았다

밖에서 안 좋은 일을 겪고
짜증이 나 있을 때
아이가 80점짜리 시험지를 보여 주러 왔다.

 엄마 이거 봐, 나 잘했지?

뭐? 80점 갖고 자랑하지 마!

✗ NG

- 네가 짜증 나게 해서 그래.
- 말이 헛나갔어(미소).
- 뭐야, 왜 삐지고 그래.

 Point

말로 인한 상처는 몸의 상처보다 회복이 더디다고 한다. 그 말이 절대적 존재인 부모에게서 들은 말이라면 더더욱 그렇다. 튀어 나간 말은 지울 수 없지만, 최소한 사과라도 하고 정정하자. 홧김에 한 언행으로 후회하지 않도록 말을 하기 전에 생각하는 습관을 갖도록 한다.

조언

[바꿀 수 있다 + 중요하다]

바로 정정하자.
진심이 아니었다고
확실하게 전하자.

> 미안해. 엄마가 마음에 여유가 없어서 마음에도 없는 말을 했어.

> 사랑해. 정말 소중한 아들(딸)인데…. 미안해.

부모든 아이든, 남에게 상처를 줬다면 사과한다. 화나 짜증은 약한 사람에게 향하기 마련이다. 자신도 모르는 새 화가 언행을 통해 새어 나오고 있을 때도 있다.

해 버린 말에 따라 다르겠지만, 그 말을 없앨 수 있는 말을 확실하게 한다.

부록

45p의 '② 화는 통제할 수 있다'에서 소개한, 다양한 통제 방법에 사용하는 표입니다.

분노 일기
p.52

언제	월 일
어디에서	
무슨 일이 있었는지	
어떤 반응을 했는지	
그 결과	
내 생각	
화의 온도	0 1 2 3 4 5 6 7 8 9 10

일상의 틀 부수기

p.55

정형화된 일상 목록	어떻게 바꿔 볼까?
예) 하원 길	평소에 다니는 가장 빠른 길이 아닌, 경치가 좋은 길을 지나서 가 본다.

부록

3단 기술

p.57

화가 난 사건을 적는다.

화 속에 숨어 있는 핵심 신념을 찾아낸다.

나와 주위 사람 모두 장기적으로
건강할 수 있는 현실적인 생각을 적는다.

성공 일지

본서에서는 화를 잘 받아넘길 수 있는 대처법, 평소와는 다른 수용 방식, 다양한 행동들을 소개했습니다. 얼마나 실천할 수 있었는지 되돌아보고, 해낸 일을 뽑아 씁시다.

해낸 일	어려웠던 점 · 개선점	만족스러운 부분

분노 조절은 심리 훈련입니다. 꾸준히 하면 확실히 체득됩니다. 못하는 일만 놓고 한탄하지 말고, 해낸 일로 시선을 돌려 앞으로도 계속 이어나가시길 바랍니다.

부록

이완 훈련

56p에서 소개한 '이완 훈련'을 할 때 써 보세요. 스마트폰 등에 녹음한 후 들으면서 실행하면 효과적입니다.

편한 자세를 취하세요. 눈을 감습니다. 이완 훈련을 시작하겠습니다.

주먹을 세게 쥡니다. 더 세게, 더 세게 쥐세요. 이 긴장 상태를 기억하세요. 주먹을 꽉 쥔 채로 주먹, 손, 팔의 긴장을 느끼세요. … (5초) … 자, 이제 이완합니다. 조금씩 손가락의 힘을 빼면서, 조금 전까지의 긴장감과 현재 이완의 감각 차이를 느끼세요.

…자, 긴장을 푼 손에서 팔로 이동합니다. 팔꿈치를 굽히고 힘을 주세요. 세게 힘을 주고 긴장을 느낍니다. 이제 팔을 뻗고 긴장을 풀며, 긴장과 이완, 긴장이 없는 상태를 느끼세요. 점점 더 이완합니다.

지금은 양손, 양팔 모두 이완하고 편안한 상태이죠? 양손, 양팔의 긴장을 기분 좋게 푼 채 머리 부분으로 이동합니다. 우선 이마부터 시작합니다. 이마를 긴장시키기 위해 이마에 주름살을 짓습니다. 더 세게 주름살을 지으세요. 눈살을 찌푸리듯 아주 세게 주름살을 짓습니다. 이번에는 조금씩 힘을 빼며 주름을 폅니다. 이완이 진행되며 이마를 매끈하게 하고, 이마 전체의 주름이 점점 없어지는 것을 상상하세요.

눈입니다. 눈을 있는 힘껏 세게 감습니다. 세게 감고 긴장을 느낍니다. 이번에는 눈을 감은 채로 눈 주위의 힘을 조금씩 뺍니다. 긴장을 푼 상태를 잘 느낍니다. 더욱더 긴장을 풉시다.

다음은 얼굴의 나머지 부분입니다. 턱에 세게 힘을 주세요. 이를 악물고 턱의 긴장 상태를 느끼세요. 악물었던 이를 점차 놓으며 턱의 긴장을 풉니다. 얼굴 전체가 편한 상태를 느끼세요. 이마, 눈, 입술, 그리고 턱, 얼굴 전체의 긴장을 자연스럽게 풉니다.

다음은 목 근육에 신경을 집중합니다. 목을 가능한 한 뒤로 굽히고 긴장을 느낍니다. 강하고 단단하게 긴장을 느끼세요.

머리를 앞으로 천천히 편한 위치까지 되돌립니다. 편안함을 느끼세요. 더욱더 긴장을 풉니다. 한 번 더 머리를 뒤로 젖

히고 긴장을 느낍니다. 자, 이제는 목을 편한 위치로 되돌리고 목의 긴장을 풉니다.

어깨로 이동합니다. 어깨를 움츠리고 위로 올립니다. 긴장감을 유지합시다. 어깨를 내리고 이완된 상태를 느낍니다. 목과 어깨를 더 편하게 이완합니다. 한 번 더 어깨를 움츠리세요. 어깨와 등의 긴장을 느끼세요. 어깨를 내리고 긴장을 풉니다. 편안함이 깊이, 더 깊이 어깨와 등 근육까지 스며들게 합니다. 목과 어깨의 긴장을 풀고, 이마, 눈, 그리고 얼굴 전체를 편한 상태로 유지하세요.

자, 머리와 어깨에서 가슴, 복부로 이동합니다. 편하고 자유롭게 숨을 들이마셨다 내쉽니다. 몸 전체가 이완되는 것을 알 수 있죠. 편하게 숨을 쉬며 편안함을 느낍니다. 자, 숨을 깊이 들이쉬었다가, 잠깐 멈추고 긴장을 느끼세요. 천천히 숨을 내쉬며 가슴을 펴고 자연스럽게 숨을 내뱉으세요. 자유롭게 호흡하며 몸 전체의 긴장을 풉니다. 편안함을 느끼며 그것을 즐겨 보세요. 평소처럼 호흡을 계속합니다. 가슴을 계속해서 이완하고 어깨, 목, 얼굴, 팔까지 넓혀 갑니다. 힘을 빼고 이완

상태를 즐깁니다.

다음은 복부의 근육, 배에 집중합니다. 근육을 바짝 당기고 배를 단단하게 합니다. 긴장을 느낍시다. 그리고 이완합니다. 근육의 힘을 빼고 긴장과 이완 상태의 차이를 느낍니다.

다음은 발입니다. 발을 긴장시키기 위해 발가락과 발끝을 몸에서 먼 쪽으로, 아래쪽으로 눌러 주세요. 종아리 근육이 긴장됩니다. 발끝을 멀리, 아래쪽으로 눌러 긴장시킵니다. 조금씩 이완하세요. 자연스럽게 힘을 빼고 발을 편하게 합니다.

크게 심호흡하고, 천천히 크게, 긴 호흡을 합시다. 심호흡으로 남은 긴장을 제거합니다. 손 … 팔 … 얼굴 … 목 … 어깨, 발도 편하게 합니다. 천천히 숨을 내쉬며 몸에서 긴장감이 사라지는 것을 느끼세요. 당분간 심호흡을 계속하며 자연스러운 호흡으로 돌아오세요.

출처: 니카노 케이코(中野敬子)가 집필한 『ストレス·マネジメント入門 第2판』(金剛出版)에서 일부 변경하여 작성하였습니다.

화 안 내는 엄마 말 잘 듣는 아이

초판 인쇄일 2020년 7월 6일
초판 발행일 2020년 7월 13일

지은이 시노 마키
그림 모치코
옮긴이 예지희
발행인 박정모
등록번호 제9-295호
발행처 도서출판 혜지원
주소 (10881) 경기도 파주시 회동길 445-4(문발동 638) 302호
전화 031) 955-9221~5 팩스 031) 955-9220
홈페이지 www.hyejiwon.co.kr

기획 박혜지
진행 김태호
디자인 조수안
영업마케팅 황대일, 서지영
ISBN 978-89-8379-382-9
정가 13,000원

ILLUST DE WAKARU OKORAZU NOBASU SODATEKATA
Copyright © 2019 by Maki SHINO
All rights reserved. Illustrations by MOCHICO

First published in Japan in 2019 by IKEDA Publishing Co., Ltd.
Korean translation rights arranged with PHP Institute, Inc.
through Danny Hong Agency

이 책의 한국어판 저작권은 대니홍 에이전시를 통한 저작권사와의 독점 계약으로 도서출판 혜지원에 있습니다.
저작권법에 의해 한국 내에서 보호를 받는 저작물이므로 무단전재와 복제를 금합니다.

이 도서의 국립중앙도서관 출판예정도서목록(CIP)은 서지정보유통지원시스템 홈페이지(http://seoji.nl.go.kr)와
국가자료공동목록시스템(http://www.nl.go.kr/kolisnet)에서 이용하실 수 있습니다.(CIP제어번호: CIP2020024502)